贰阅 | 阅爱·阅美好

让阅读走心
让阅历丰盛

团队精进五项修炼

团队成长的45个关键技能

舒瀚霆 —— 著

北京联合出版公司
Beijing United Publishing Co.,Ltd.

图书在版编目（CIP）数据

团队精进五项修炼：团队成长的 45 个关键技能 / 舒瀚霆著 . —北京：北京联合出版公司，2021.4
ISBN 978-7-5596-4937-9

Ⅰ.①团… Ⅱ.①舒… Ⅲ.①企业管理—团队管理 Ⅳ.① F272.9

中国版本图书馆 CIP 数据核字（2021）第 023549 号

团队精进五项修炼：团队成长的 45 个关键技能

作　　者：舒瀚霆
出 品 人：赵红仕
选题策划：北京时代光华图书有限公司
责任编辑：徐　樟
封面设计：济南新艺书文化有限公司
版式设计：冉　冉

北京联合出版公司出版
（北京市西城区德外大街 83 号楼 9 层　100088）
北京时代光华图书有限公司发行
北京晨旭印刷厂印刷　新华书店经销
字数 250 千字　　787 毫米 × 1092 毫米　　1/16　　19 印张
2021 年 4 月第 1 版　　2021 年 4 月第 1 次印刷
ISBN 978-7-5596-4937-9
定价：68.00 元

版权所有，侵权必究
未经许可，不得以任何方式复制或抄袭本书部分或全部内容
本书若有质量问题，请与本公司图书销售中心联系调换。电话：（010）82894445

自序

五项修炼，助你登上"塔尖"

我是一名企业经营管理顾问，与企业老板、高管以及执行团队打交道20多年。在服务大大小小的企业过程中，我对团队工作效率以及老板和团队之间的关系有一些深刻的体会。

很多企业老板总跟我说："瀚霆老师，我的团队执行力很差，快帮我想想办法吧！"

很多团队员工也跟我说："瀚霆老师，我的这位老板太难搞了，帮帮我吧！"

每次碰到同类问题或者类似的请求时，我只需要和对方团队做简单的沟通或者进行一次简单的培训，问题就解决了。事后老板们都会惊讶地发现："原来我的团队可以这么优秀。"团队员工也会感叹："原来我的老板也没那么难伺候。"其实，我仅仅是教了他们几个简单的方法。

究竟是什么样的方法，让团队领导们、员工们发出这样的感叹呢？

有一次在服务一家企业时，我看到一位领导的办公桌上堆满了各种文件和报表，如果用一个词来形容我看到的情景，那就是"文山文海"。

我问他："你每天看这么多文件，累不累啊？"

这位领导无奈地摇摇头："做管理嘛，不都这样！"

我让这位领导把所有给他提交文件的当事人都叫到办公室来，帮他与这些人进行了一次简短的沟通。

当时我问所有向他提交文件的人："如果你是领导，每天面对这么多文件，你是什么感觉？"他们满脸的尴尬。但现实情况是，这些报表、申请、记录等不得不提交，很多内容都是必须要上报给领导的，甚至有些文件是要领导迅速审阅和审批的。

我就告诉在场的这些当事人，你们只要这样做就可以了：

你一定要利用文件的第一页或者第一段文字简单概括整个文件的内容，比如用一句话提出申请，或者用一句话概括要点、表达观点、表述判断，等等；在第二页或者是紧跟其后的文字中，列出简短的"第一、第二、第三""首先、其次、最后"或者"过去、现在、将来（即将）"等分述前一页或者前一段的内容，一定不要超过三点；在第三页或者之后的语句中，可以用翔实的文字来解释前文。关键中的关键是，文件的前两页或者前两个部分，需要你花点时间和精力来思考和锤炼。

为什么要这么做呢？提高领导的效率！提升当事人的能力！领导看完第一页或者第一段文字，就知道你的申请内容、核心观点或者专业判断，并能迅速理解、做出批复，这是最好的、最高效的；老板看完第一页或者第一段文字之后还有疑虑，但用第二页或者是紧跟其后的部分增加了相关信息，打消了疑虑或支持你的判断，这也不错；如果看完前两页或者前两个部分后，领导还没有完全理解或者对后面的内容非常感兴趣，那么他就会继续看下去。

我讲完之后，不仅领导感叹，交出"文山文海"的当事人也非常认同。

一个月后，再跟这位领导见面时，他跟我分享："没想到这些人还可以这么优秀，自己轻松了许多。"

有位老板问了我一个管理问题，希望我能帮到他。

他觉得团队员工对公司的事情不操心，不把事情放在心上：一些员工经常在一些常规工作中丢三落四，总是在事后才反应过来，可想起来的时候已经晚了；还有一些员工，做完一件事后就在那傻等着，其实还有很多事情都在等着他，可他呢，总找不到事做。这些问题怎么解决？

其实这些问题实际上就是：事如何找人？人如何找事？

一些工作看似不是什么大事，但其实它们的影响并不小，很多事情就摆在那里，可是没人做。这就涉及"事找不到人"。

比如遇到节假日或者客户的生日，没有通过问候来维持客户关系；安排会议的事情很多，结果做了这件事，忽略了那件事……

一些职场人不知道该怎么工作，或者不把工作中的事放在心上，这就是"人找不到事"。

比如，要做的事没有明确的完成截止时间，做着做着，人就懈怠了；或者有些工作没有明确的分工，员工做着做着，就忘记了自己到底该做什么；更直观的表现是，有些管理者在思考问题时不全面，本来一件事情里包含许多小事件，但他在做这件事的过程中遗漏了几个事件，把一件本来影响力很大的事办成一件没有结果的事……

面对这样的问题，我给这家企业的员工做了一次培训，教他们做工作"仪表盘"和任务清单，将要完成的工作可视化，张贴在自己的眼前。

工作"仪表盘"分3个区域：左边是本周重要事情区，用来罗列本周必须完成的3～7件重要事情，每件事情后面要标注完成期限；中间是当日必做事情区，用来列出当天必须完成的几项工作，每天早上用便笺将这样的工作贴在这个区域内，每完成一项就在相应事项的后面打钩；右边是临时事情区，用来罗列一些临时要做的事情，每想到或者遇到一些临时要做的事情，就用便笺贴在这个区域内，完成后也在相应事项的后面打钩。今日事，今日毕，如果当天必做事情区中有几件事实在无法完成，就在第二天以最快速度完成。

类似的大事里面包含或穿插着无数件小事，比如接待客户、安排会务、维护客情关系、参与商务差旅等，所以，我还教了这家企业的员工做任务清单。

除此之外，我还建议老板开发一个自己公司的工作管理小程序或者OA系统，也可以在钉钉、微信中进行企业管理，这样就更加智能化、更加便利。

后来给我反馈时，老板开玩笑地说："如果人不去找事，我就让事来找人。"

有一次，我应客户邀请，旁听一次高管会议。会议开得我特别难受，不仅浪费时间，还没效率。老板是一个"话痨"，话匣子一打开就停不下来，东拉西扯的；喜欢插话的员工和老板一起在跑偏的话题上越扯越远；插不上话的员工要么显露出不耐烦的姿态，要么就直接成了"隐形人"，没有一点儿存在感。

会议开完后，老板向我抱怨员工素养太差，期望我帮他做一些调整，记得我当时是这样帮他调整的：

第一，开会前，先确定会议的性质。如果开常规的工作汇报会，就用沙漏管理发言时间，强制规定每人的发言时间只有1分钟、3分钟或者5分钟；如果要在会议上布置工作、传达任务或者做培训，就向员工强调要认真倾听，并及时回应；如果开集思广益、头脑风暴的创意会，就要求参会者分别进入梦想者（提创意者）、实干者（提方案者）和批评者（完善者）的角色，并且轮换状态；等等。先确定会议性质，再明确会议目标，然后选择会议形式，这样参会者才不至于东拉西扯、浪费时间。

第二，开会时，强调表达能力的重要性。表达有三个要求：首先是简洁，只有表述得简洁才能在规定时间内把话说完；其次是要有核心观点，我们表达的第一句话一定是经过锤炼的核心观点，没有观点的发言就是浪费时间；最后，表达一定要从表达者自己的角度出发，聚焦自己的目标、事情或者观点、想法，这样参会者才会专注起来。

第三，做会前状态建设，提升参会者的专注力，尤其要对喜欢插话的员工和"隐形"员工进行倾听能力培训。我概括了一个简单的口诀，倾听时要"闭上嘴、睁开眼、打开心、献上脸"。每次开会时将这句话写在白板上，提醒所有参会者，不到自己发言的时间不要随意插话，眼睛要注视讲话的人，听对方讲话时要让自己进行思考，身体和脸要向讲话的人微倾，等等。

具体的操作细节大家可以参考本书内有关"会议"的部分。

后来，这位老板非常感谢我帮他们做的调整，他们公司会议的效率越来越高。

类似这样的例子数不胜数，不管是企业家、老板、创业者，还是中高管、执行团队、职场小白都会遇到这样或那样的困扰，我将这些困扰总结为："不会说话""不会思考""不会做事""不会开会"以及"不会倾听"。如果让我在为企业提供经营管理顾问服务的过程中，对企业经营管理专业的支持更加高效，我就不得不提前帮客户解决这些方面的困扰，解决的问题多了，我就总结出了经验，将能够帮助企业解决问题的做法归纳为"五会"："会说""会听""会想""会做""会议"。

"会说"：就是能精准、简洁地表达自己的需求和观点，并能说服客户、员工和领导。

"会听"：就是能专注倾听，能听出对方的弦外之音、核心要点，领悟谈话的意图。

"会想"：就是会进行全局性的、有深度的思考，用创造力、创新思想思考解决方案。

"会做"：就是知道面对事情和目标时，如何找到策略、工具、方法，如何提高效率。

"会议"：就是懂得通过开会，调动团队的能量，激发他人智慧，迅速达成目标。

我之前以为这些都是小事情，很多前人根据经验已经总结出了许多方法、工具等，只要运用得当，就没有解决不了的困扰和问题。但随着时间的推移，我遇到的类似问题越来越多，在客户迫切的需求之下，我就给我服务的20余家企业组织了一场统一的线下培训，在限制每家企业参与人数的情况下，我的客户们和他们的核心管理团队，共计130多位高管参加了这次现场培训。

令我万万没有想到的是，我在3天线下培训课程的现场，仅仅讲了10多个"五会"的方法，却取得了出奇的效果。每位客户都希望我能在其企业中延续和强化3天的线下现场培训效果，但20多家企业分布在全国各地，到每家企业去的时间成本和交通成本太高了。于是，我就尝试通过线上微课的形式，帮助大家强化并掌握更多解决问题的方法。

在录制微课的过程中，我将更丰富的方法总结进了"五会"体系，最终，一共有40多种实操方法收录其中，帮助企业员工达到"五会"的目标。让我备感意外的是，大多数客户把"五会"的学习和考评当成员工团队的必修课，甚至把岗位的升迁、评级与学习"五会"挂钩。

随着"五会"越来越受欢迎，客户们不断地想让我们团队提供详细的文字稿，他们需要我们的协助，以将"五会"的内容编辑成企业员工的培训教案。

  我的公司是一家企业经营管理咨询公司，主要为企业提供经营管理咨询服务，帮助企业提高绩效。我们的业务一直很多，很繁忙，所以忽略了针对"五会"出培训教案这件事。我们在客户的不断催促中感受到了客户对这件事情的强烈需求，最后我们决定抽出专人来整理文稿、编辑出书，帮助更多的人成长，帮助更多的企业提效，创造更多的社会价值。我们期望这本书不仅给职场员工带来帮助，也能给企业老板和管理者带来帮助，所以我组建了专门的团队，由曾俊负责全面汇总、整理这方面的内容，才有了今天的这本书。

  这本书中的内容来自我的线上微课讲稿，所以也保持了我在线上微课教学时一贯的干货风格，尤其是方法的实操步骤，可以说是干到不能再干的干货。但这样的风格存在一个弊端，那就是大家读起来会比较费力、费神。当然，这样的风格还是利大于弊的，因为干货内容的内涵足够多、外延足够大、可运用的空间广。打一个比方，就像买了一斤干木耳，用水泡发后，就会得到三四倍分量的木耳。最重要的是每个方法都非常管用，都能帮助大家提升工作效率和职场情商。

  这本书是我的私家方法工具箱，我是这些方法的忠实应用者。工具箱里的每个方法都是独立的，但大家也可以将它们组合起来使用，形成自己的体系。正是这些方法让很多客户如此评价我："没有什么可以难倒瀚霆老师，他有一个超级大脑！"其实这都得益于我在做企业经营管理顾问工作的过程中，学习和积累了很多好用的方法，并不断地在实践中应用和改进它们，这本书就是我的方法集之一。

  非常感谢我的助理团队曾俊、陈泓伊、魏婧华、蔡昌鹏、何伟立等同人，因为他们的辛勤付出，这本书才能这么快面世。我还要借此机会，感谢瀚霆研习会会员以及我服务的那么多优秀的客户，他们以及他们的团队给予我信任，给我提供大量的实践机会，才让这本方法集有这么丰富的内容。最后,要感谢出版社的编辑团队,因为有你们,这本书才能出版。

最后,愿正在阅读本书的职场人通过学习和修炼,能掌握"五会"中的方法,并能在实践中更好地运用,让它们帮助大家事半功倍、创造卓越,早日登顶社会这座"金字塔",成为"塔尖"上的精英!

Contents | 目录

第一章
会说：复杂沟通中的精准表达

五项修炼中的重头戏	003
结构表达法：让老板迅速抓住工作汇报的重点	006
限时表达法：如何30秒内俘获听者的心	011
逻辑表达法：临场发言时，如何有条有理	018
极简观点表达法：言简意赅，让听者听一遍就记住	023
事出有因表达法：说清"为什么"才最有说服力	029
事件表达法：先说好事还是先说坏事	034
细节表达法：细节精准就是靠谱、专业	039
故事情境表达法：学会讲有代入感的故事，引发听者共鸣	044
向上沟通表达法：合作式沟通，帮领导做出更好的决策	052
上推下切表达法：争得不可开交时，如何达到双赢的效果	059
变焦表达法：让听者跟着你的思路走	065
寓庄于谐表达法：真话不全说，假话绝不说	070

三明治表达法：批评时，如何对事不对人　　073
　　大脑说服表达法：讲道理是最差的说服方式　　078
　　小　结　　083

第二章
会听：倾听对方说的话，而不是听到了对方在说话

　　阻碍我们倾听的三大类原因　　089
　　身体同频倾听法：用身体语言拉近双方的心理距离　　095
　　流动贡献倾听法：用最简单的口头语言让沟通更顺畅　　100
　　复述反馈倾听法：确认你理解的就是对方所传达的　　105
　　情感反馈倾听法：共情才能让沟通继续下去　　111
　　弦外之音倾听法：怎样洞悉言外之意　　117
　　小　结　　123

第三章
会想：快速看透问题的本质，轻松应对工作中的难题

　　"想"到位了，就会事半功倍　　127
　　要因复盘法：为什么你一辈子都在用第一年的经验，毫无进步　　132

结果倒推思考法：站在未来倒推，细化行动路径　　137

对标框架思考法：给自己画成长地图　　142

要素排序思考法：面对复杂任务时，如何抓住工作重心　　145

发散创意思考法：如何用发散思维找解决问题的灵感　　149

逆向思考法：创造性地解决危机　　155

批判思考法：遇事不被牵着鼻子走　　159

结构思考法：培养化繁为简的能力　　163

过程决策思考法：如何在短时间内做出决策　　173

小　结　　176

第四章
会做：好方法意味着高效率

方法不对，努力白费　　181

清单工作法：清单在手，焦虑少有　　185

时间矩阵工作法：好钢用在刀刃上　　189

甘特图工作法：灵活调整行动，提高协作效率　　194

番茄工作法：营造和时间赛跑的氛围　　199

流程工作法：如何设计直达目标的流程　　204

PDCA 工作法：让工作进入良性循环　　211

KPI 工作法：帮你一步步实现目标的扎实方法　　217

OKR 工作法：用集体沟通培养团队的目标文化　　221

日志工作法：有效重复是成长的基础　　226

迭代工作法：如何以最低的成本获取快速成长　　231
单点专注工作法：一次专注做一件事　　237
小　结　　242

第五章
会议：整合集体智慧，提升决策效率

好好的，为什么要开会　　247
谷歌会议法：一场高效率的会议绝对不是一个人的独角戏　　251
六顶思考帽会议法：从对抗式会议走向齐心协力　　255
迪士尼会议法：如何开可落地的头脑风暴会　　260
教练会议法：引导参会者主动思考，寻找解决方案　　265
联合国咖啡会议法：取长补短，激发灵感　　270
峰终会议法：如何开出体验好的会议　　275
小　结　　279

后记　在职场修炼的三个建议　　281

第一章

会说：
复杂沟通中的精准表达

- 一个销售员，如果不善于表达，在开发客户时，就会没有说服力；

- 一个管理者，如果不会表达，就很难让下属理解他的意图，也很难让老板听懂他的汇报；

- 一个人力资源专员，如果不善于表达，就无法说服优秀的人才加入公司；

- 一个营销人员，如果不善于表达，就无法说动公司领导采纳他的创意，拨给他推广经费；

- 一个创业者，如果不会表达，就无法建设团队，找不到合作伙伴，拉不到投资；

- 一家企业"不会说"，就会导致人员沟通成本高，运行效率低，未来还将面临被淘汰的风险。

五项修炼中的重头戏

我以前有一个助理,叫玲玲,英语教育专业毕业,因为太喜欢跟孩子打交道,所以她在我这里工作三年后,进入了一家私立学校教书。在玲玲去教书大约三个月后的一个周末,她打电话过来,非要见我,要当面感谢我。她告诉我,她的事业出现了奇迹。

新学期开学前,学校组织所有老师外出,发宣传册招生。在出发之前,学校开了一个动员大会,负责人说:"我们今年校园扩大,增加了许多学位,组织大家出去派发学校新印制的招生宣传册……"交代完注意事项,负责人开始给老师们分配发放宣传册的区域及数量。

分配完任务,负责人开始组织大家逐个发言,让大家分享一下接下来如何开展工作,自己的工作方式和技巧是什么。有的人说要到客流量大的公园门口驻点派发,有的人说要到孩子多的游乐园流动派发,还有的人说要到高档小区门口摆上咨询台……大家都在信誓旦旦地表达要到哪个人多、孩子多和高端人群聚集的地方派发宣传册。

轮到玲玲发言时,她说:"不管我在什么位置派发宣传册,每发一份宣传册时,我都要确认一下对方的孩子多大,同时我会告诉那位家长三件事:首先,我们学校的理念是'培养具有全球视野、国际胸怀的孩子',

我们学校运用剑桥的教材,数学课也用双语教学。其次,我们的硬件条件是非常棒的,每个孩子都有自己独立的午睡空间,我们也会为不同年级的孩子设计不同的营养食谱、配备专用食堂等。最后,我们的教学目标是'教孩子一天,对孩子负责一年;教孩子一年,对孩子负责十年',欢迎来学校报名,我叫玲玲,我非常喜欢孩子,我的英语水平是专业八级。"

玲玲说完之后,就被站在一旁的校董一眼看中了,校董直接就说:"到我办公室来。"从那以后,她就成了这家私立学校的校董特别助理。

玲玲做对了什么,就让自己在短短三个月内,从一个普通的英语助教,成为校董特别助理呢?那天见面,她自己说的答案是:在瀚霆老师身边三年,学会的说服技巧和办事能力是成功的关键。

除了机遇与能力之外,玲玲的成功与"会说"密不可分:

第一,她说得有逻辑结构,善于运用"首先、其次、最后"这样的连接词。她在我身边工作时,汇报工作就干脆利落。

第二,她的话有说服力。我如果是适龄孩子的家长,也很有意愿去了解一下这所学校。

第三,她说得有深度、有力度。她列举出的三个点既体现了学校的价值,又突出了自己的优势。

玲玲的例子告诉我们,在职场上,"会不会说话"很重要。往小了讲,"会说"意味着你能清晰地说出自己的想法和建议,而且能让对方很快就接受你的话;往大了说,意味着你能调动公司内外更多的资源,帮助你更顺利地推进工作,从而获得赏识,快速地实现升职加薪的目标。

有人可能会问:我又不是销售、不做管理,为什么要"会说"呢?这么想就错了。不知大家有没有遇到过这些情况:面试时,表达不出自己的价值所在,明明有多年的工作经验,却拿不到理想的薪资;工作时,你的方案非常有建设性,可是兄弟部门就是不配合;同样做工作成果汇报,同事用三分钟就可以搞定,你却需要用十分钟;你不大同意上级的一个想法，认为自己将它执行出来就要"背锅"，可也不知道怎么反驳。

职场上，人人都说话，但不是每个人都"会说"。说话是一种需要不断学习、修炼的能力。

一个销售员，如果不善于表达，在开发客户时，就会没有说服力；

一个管理者，如果不会表达，就很难让下属理解他的意图，也很难让老板听懂他的汇报；

一个人力资源专员，如果不善于表达，就无法说服优秀的人才加入公司；

一个营销人员，如果不善于表达，就无法说动公司领导采纳他的创意，拨给他推广经费；

一个创业者，如果不会表达，就无法建设团队，找不到合作伙伴，拉不到投资；

一家企业"不会说"，就会导致人员沟通成本高，运行效率低，未来还将面临被淘汰的风险。

……

每位职场人都要做的大大小小的工作汇报和反馈都包含在"说"的范畴内。无论对个人来说，还是对企业来说，"会说"都非常重要。

"会说"意味着有说服力和影响力，也意味着有管理能力和领导能力。在我看来，"会说"不仅是五项修炼中的重头戏，而且是人生中不可或缺的生产力。

结构表达法：
让老板迅速抓住工作汇报的重点

在职场中，我们经常需要做工作汇报，如何表达，才能快速抓住领导的注意力，且不耽误把话讲清楚、说明白呢？这就特别考验职场表达者的结构化逻辑。

先来看一个职场中的情景。

小刘是某公司董事长的助理，他在向董事长汇报今天下午的会议准备情况时说：

"董事长，王经理的秘书说，王经理下午两点钟不能参加会议。小李说明天或者后天开会，他都可以参加，但是明天10点半以前他没有时间。会议室明天已经有人预定了，但星期三可以用。唐总刚才来电话说，他明天晚上才能从外地回来。把会议时间定在星期三上午11点似乎比较合适。您看行吗？"

听完这段话后，大家有什么感受？是不是觉得非常乱？是不是像听小学生写的流水账日记一样，抓不住重点，还特别容易走神？这就是一种缺乏结构的表达。

不要急着嘲笑这个做汇报的人，仔细回想一下，我们在日常工作中，是不是也会经常"想到哪儿就说到哪儿"？员工一般都害怕跟老板进行汇报，其实老板心里也是纠结的。老板很希望员工能及时向自己汇报工作进度，但与此同时，老板也怕下属汇报工作时没有逻辑，有时员工说了半天，老板也不知道员工想表达的重点是什么。这种情况出现的原因其实很简单，就是大多数人的表达缺乏结构。

那么，什么样的表达才是有结构的呢？我认为，有结构的表达听起来清晰、简洁、高效、有力。我把能做到这一点的方法提炼成一句口诀：沟通时，要"秀凤头，展猪肚，亮豹尾"。

怎么理解呢？就是话的开头，要像凤头那样美丽、精彩；话的主体，要像猪肚子那样充实、丰富；话的结尾，要像豹尾一样有力。具体应用时对应三大步骤：

第一步，结论先行（秀凤头）。

第二步，归类分组（展猪肚）。

第三步，响亮收尾（亮豹尾）。

秀凤头：结论先行

在职场上做表述时，为什么必须"结论先行"呢？有三个原因：第一，听员工做汇报的老板最想知道，员工想表达的核心观点、核心结论是什么；第二，老板的时间宝贵，员工能一分钟汇报完的，千万别啰唆三分钟；第三，老板每天都面对大量的信息，基本记不住不是高度概括的结论。

比如，最近我们公司在装修，负责人周总过来向我汇报时说："舒总，您办公室的照明系统需要更换，原因有三点。第一，噪声大，原有照明系统的变压器噪声大，目前在技术层面无法解决这个问题，这对您录制课程有很大的影响；第二，光线刺眼，目前的照明光线照在您的白色桌面上反射出来的光线会让您的眼睛不舒服；第三，不美观，现有的主体灯饰和辅助光源不协调，从整体上看，不美观。更换您办公室里的照明系统需要

××元钱。"

周总汇报完,我就批复了。如果周总不先说结论,而是先说三个理由,我们的沟通就会转移到"如何应对噪声""怎么改变光线""应该达到什么样的美感"等细节上,进而过度讨论,耽误时间。

发明了"金字塔结构化思维"的麦肯锡咨询公司每次把报告交给客户的时候,一定要说一句话:"这是我们的报告,有时间您都看看,如果没时间,就只看每一页PPT最上边的那句话就可以了。"——因为每页PPT最上面的那句话,就是高度概括的结论。

展猪肚:归类分组

猪肚部分要求充实、丰富,而且有规律。

为什么呢?这是因为我们的大脑更偏爱有结构、有规律的信息。如果一次性接受过多、过杂的信息,我们的大脑就会因为处理不了而"死机"。

所以,想让听者在短时间内记得我们说了什么,我们就得把信息"归类分组",再呈现给他们。

举一个例子大家就更明白了,如果有人说,一场优秀的商业演讲需要具备以下八大特点:

- ·结构完整;
- ·主题鲜明;
- ·多讲具体细节;
- ·抓住他人注意力;
- ·逻辑清晰;
- ·多讲例子和数字;
- ·节奏感强;
- ·首尾呼应。

我猜，当听完第八个特点后，大家基本不记得前七个特点都是什么了。如果我们向老板汇报工作，也列举个十条八条的话，可以想象，老板也记不住，汇报的效果自然也很差。但一旦把这些条目"归类分组"，效果就完全不一样了。

比如，把这八个特点归为两类，即内容上的特点和结构上的特点，那么以上信息就变成：

一场优秀的商业演讲，需要具备以下两大特点：第一，在内容方面，要做到主题鲜明，多用例子和数字、多讲具体细节，要能抓住大家的注意力；第二，在结构方面，要做到结构完整、逻辑清晰、节奏感强、首尾呼应。

大家看，分类之后，对这一问题的表述是不是变得非常清晰有力呢？通过整理分组，让信息有结构、有规律，将大大提高表达效率，让复杂的问题变得容易理解，让混乱的语言变得有层次、有条理。

亮豹尾：响亮收尾

好的收尾，能够让听者收获一个"心理奖赏"，就像美丽的豹尾那样，让人产生赏心悦目的感觉。结尾可以强化、概括前述的核心观点，也可以用金句升华想要表达的主题。

比如"结构表达法"这一章节的内容就可以在结尾处概括为："结构表达法"是一种让表达更简洁、清晰、丰富、有力的方法。它包含三大关键步骤：第一是秀凤头，"结论先行"；第二是展猪肚，"归类分组"；第三是亮豹尾，"响亮收尾"。

再比如，还可以提炼出这样的金句放在这一节的结尾部分：没有结构，就没有效率；结构在哪里，效率就在哪里！一开口说结论，再开口有归类，三开口画龙又点睛。

不管是说金句，还是强化核心观点，结尾处一定要是一条悦人耳目的"豹尾"。

职场中，那些反应快的人不一定比其他人聪明，但他们掌握了结构化思维，更懂得对信息进行有效提炼、把握核心思想和结论，而且他们懂得在表达想法时开门见山，先亮出"凤头"——先讲结论，再说细节；先说观点，后说原因。他们的做法大大节省了领导的时间，提高了沟通的效率，而且也意味着，大大提升了自己的工作效率。

知道了"结构表达法"的三大关键步骤后，让我们回到开头的举例中，运用"结构表达法"修改助理小刘对董事长说的话：

"董事长，今天的会议改在周三上午 11 点开（这是'结论先行'的凤头）。有两方面的原因：第一，人员方面，王经理今天下午没有时间，唐总明天晚上才能从外地回来，小李明天上午 10 点半前没有时间；第二，会议室方面，会议室只有周三还没有被预约出去（原因就是'归类分组'的猪肚）。所以，我们把会议开始时间改到周三上午 11 点最合理，这样能保证人员齐整、会场可用（这是'前呼后应'的豹尾）。"

用"结构化"的方式将这些话整理一下后，是不是感觉逻辑清晰了很多呢？

> **核心要点**
>
> 我们用钻石类比结构化表达为这一节收尾：
>
> 我们都知道钻石很贵，但大家肯定也听说过，做铅笔芯的石墨跟钻石的成分是一模一样的，可为什么它们的价值却相差好几万倍呢？就是因为它们的结构不同。话语表达也是一样的，好的表达结构会让话语结构合理，具有更高的价值。

限时表达法：
如何 30 秒内俘获听者的心

有一次在杭州讲课时，一位老板跟我说，他每个星期五下午最想去的地方，就是办公楼的电梯，就算让他整天蹲在里面都可以。我问他："为什么有这个癖好？"他说："因为麦肯锡的电梯理论要求阐述方案、汇报工作在 30 秒内完成，每个部门周五都要来汇报工作，我多想让他们来电梯里找我，电梯运行一趟 30 秒，就算在 30 秒内汇报不完，也要换下一位。"可见，老板多么希望下属能快、准、狠地汇报工作。

限时表达，尤其在 30 秒内就将事情说清楚，对职场人是一种考验，也是职场人亟待提升的能力。接下来我们从两个角度来解释如何提升限时表达的能力：

第一，30 秒表达的策略。

第二，倒计时表达的训练。

30 秒表达的 3 个策略

用 30 秒表达有两种要求：

第一，强调表达者要有概括提炼的能力，一开口就要说结论、直奔重点，在最短的时间内把重点表达清楚。对应的方法是"结构表达法"中的"结论先行"。

第二，强调表达者一开场就要展现魅力和爆发力，俘获听者。这种情况多应用于陌生的沟通场景，这是本节的重点。

心理学中有一种理论叫第一印象理论，即人们在日常生活中，初次接触某人、某事时所产生的即刻印象输入人们的大脑后，会先入为主，影响人们之后对该人、该事的认知。第一印象理论在职场中的应用非常广泛。

比如，一般来讲，一次完整的面试要持续半小时到一小时。但心理学家告诉我们，对于是否给应聘者进入复试的机会，面试官在前面30秒到60秒之间基本就会做出决定。后面的面试时间用来干什么呢？更多的是通过沟通、提问来印证他的决定。

第一印象会给人带来强烈的心理定势，一旦这种心理定势形成，人们就只能看到那些符合这种心理定势的行为。因为人都有一种根深蒂固的思维——证明自己是对的，如果你给面试官的第一印象很差，后面再努力或者进行补救，也几乎无法逆转他的想法。因为面试官的心理定势已经形成，他只能看到符合他的决定的那些行为和信息。

第一印象理论对于表达者的启发是：前30秒的开场对能否打动听者至关重要。这也印证了那句俗语——好的开头是成功的一半。

我们也可以用飞机起飞的过程类比表达开始的30秒来感受其重要性。飞机起飞的过程是飞行中最危险的阶段，飞机必须通过加速克服地心引力，拔地而起。表达时也一样，开场是最关键的，一开始就抓住听者的注意力，在那之后的表达才会相对轻松自如。

既然开场的30秒如此重要，那么我们在表达时如何开场，才能建立好第一印象呢？给大家推荐3个开场策略。

1. 用自我介绍开场

自我介绍是最常规的开场方式,尤其适用于交流双方对彼此比较陌生的时候。自我介绍看似简单,但要介绍得出彩,让听者印象深刻,其实是很有难度的。其重点在于,要突出表达者的关键信息,找准自己的信息与表达主题之间的内在关联。举一个例子:

我有一位做培训的学员,他现在做的主要培训业务是家庭教育培训。他在给学员上课前做的自我介绍就非常有特点,也很有力量。他每次介绍自己时总会用三句话开场:

李老师过去18年来,只做了一件事情,就是做培训;李老师过去10年来只做了一件事情,就是做教育类的培训;李老师过去6年来只做了一件事,就是给父母做家庭教育培训。

无论在哪儿开课,当他说完这3句话时,所有学员的目光都会齐刷刷地聚集到他身上。

2. 用段子或金句开场

段子和金句,是激发听者兴趣的好方法。

段子的特点是既有趣,又能生动地表述细节,引起听众的好奇心,满足他们的探索欲,让他们想继续听下去。发言时,一开场就讲一个与自己想说的话题相关的段子,能激发听者的兴趣,比如我开头讲的"老板喜欢蹲电梯"的段子就不错。下次,如果大家需要给一个集体做培训,或者在会议上讲一件重要的事,就不妨尝试把内容转化成段子,快速聚集听者的注意力。

我们还可以在开场时就抛出一句金句。金句有天然的聚集力和感染力。市面上那些传播得很广的文案,哪个不是金句构成的?一开口先抛出一个金句,就像往平静的湖面上投了一颗石子,这颗石子再小,也能激起涟漪。"金句抛得好,关注少不了",讲的就是这个道理。

比如介绍"限时表达法"时,就可以这样开头:"时间限制是表达的紧箍咒?不,学会'限时表达法',让时间为表达添彩,而不是添堵。"这样的金句自然使人印象深刻。

金句从哪里来,这里给大家提供两个小贴士:引用、模仿。

一方面,我们可以引用文章中的或者名人、老师说过的金句。

我们在看文章或者听课时,一旦觉得哪个句子很经典,就可以随手记录下来。

另一方面,我们还可以模仿、改造一些知名的金句。像"沟通是职场的第一生产力"模仿的就是"科技是第一生产力"。

当然,我们也可以创造自己独特的金句。

我有个客户就很喜欢用"一……就……"的逻辑来创造自己的金句。

在一次总裁社群活动中,轮到他说话时,他一开口就抛了一句:"找'蓝海',有时是需要逆向思考的。因为,观念一转变,市场一大片。"立刻就把所有人的注意力和兴趣吸引过来了。

3. 以讲话的目的开场

无论表达什么,在开场的 30 秒内都要交代清楚讲话的目的,这是听者最关心的。表达者将目的讲得越清楚,听者对接下来的观点和方法的接受程度越高。

比如,当高管想给公司的中层干部做上传下达方面的培训时,就可以这样开场:

今天我想跟在座的各位中层干部聊一聊如何做好上传下达,中层干部是公司上下沟通的桥梁,上传下达的效率关系着在座每一位的业绩,上传下达的好坏也关系着我们公司的兴衰成败……

表达者在开场表明目的时,切记要以听者为中心,强调本次讲话对听者、对公司的重大意义。给大家提供3个表达"目的"的句子,供大家参考:

"我们在_____方面好像碰到了一些状况。"

当我们遇到麻烦事,想要用委婉的方式传递坏消息时,就可以在敲开领导的门后,从容不迫地说出这句话,然后再和领导一起探讨如何解决问题。

"今天,我们要解决的主要问题是_____。"

这样的句子,直截了当,用在会议上再好不过了。

"我有两个想法,想跟各位分享。第一,_____;第二,_____。"

这样的句子在头脑风暴会、方案探讨会上是非常好用的。

大家看,"我有两个想法,想跟各位分享"是不是比"我有两个意见要说"更容易让人愿意往下听,而且这样的话是不是更有助于营造融洽的探讨氛围?

除了上面的3种开场策略,激发听者兴趣的方法还有很多,比如提出一个好问题,和听者做一次轻松的互动,讲一个30秒的小故事……我们在开场时激发不了听者的兴趣,就很难让听者在后续的过程中持续关注。

倒计时表达的 3 个技巧

在职场中表述事情会经常用到倒计时。比如，在工作研讨会上，领导说，给每个人 5 分钟的时间发言。这时，大多数人的发言时间会不足 5 分钟，这部分人无法充分利用这 5 分钟，会觉得时间过得好慢；而另一部分人一旦打开话匣子，就会滔滔不绝，根本刹不住车，觉得 5 分钟不够用；还有一部分人能踩点说完，但在他们表述时，不乏为了把内容说完，语速越来越快的状况。这就是为什么需要训练倒计时表达。

大家可以通过 3 个步骤训练倒计时表达。

1. 明确自己的表达节奏

从简单的"1 分钟讲话"开始练起。用手机倒计时软件设置 1 分钟的时间，打开录音功能，在不看时间的情况下，按照自己准备的内容和说话节奏，讲话 1 分钟。当铃声响起时，停止讲话，计算一下自己说了多少个字。通常情况下，普通人 1 分钟说 200～280 个字。反复听几遍自己说的话，看看哪些地方需要调整，需要调整的是内容，还是语速。

2. 反复训练

用调整后的内容和语速，再进行"1 分钟讲话"的练习。虽然练习本身是枯燥的，但是只有在练习中反反复复地调整，才会对倒计时有感觉。

3. 建立时间感

熟练掌握"1 分钟讲话"的方法后，就可以开始进行倒计时 2 分钟、3 分钟的表达练习。在不断的练习过程中，明确知道自己在固定的时长内可以表达多少内容，从而建立时间感。比如，能用 1 分钟讲清楚产品后，就可以开始训练用 2 分钟讲清楚产品和品牌；能用 2 分钟讲清楚产品和品牌后,就可以开始训练用 3 分钟讲清楚产品、品牌和企业文化。

时间感就像学习英语时的语感和游泳时的水性一样,是驾驭能力的体现。获得这种能力会让我们终身受益,它也可以帮助我们随机应变、灵活把控时间。比如领导说"麻烦你再讲 5 分钟"时,我们不看表,也能知道如何把控这几分钟。

想要轻松驾驭表达时间,想要在众人面前表达得出色,想要成为别人眼中的表达高手,必须经过严格的训练。功夫没下到位,是绝对不可能取得成果的。所以,只看完书、听完课是远远不够的。大家还需要认真完成作业,刻意训练每个方法,让这些表达方法根植于身体里,融化在血液中,展现在嘴巴上。

这一节主要讲了两种限时表达方法:

第一种是在 30 秒内,用自我介绍、金句或段子、表达目的的句子开场,引起听者的兴趣,建立良好的第一印象。

第二种是倒计时表达,把控好表达的节奏,在反复训练中建立时间感。

逻辑表达法：
临场发言时，如何有条有理

大家有没有过类似这样的经历：

在和其他人沟通时，有时会找不到形容自己想法的词，说着说着就语无伦次了，把自己都说晕了。

有人质疑自己的观点，可总是在交谈结束后，才一拍大腿："哎呀，当时我应该这样说的。"

自己心里明明有个很好的想法，可是，说出来的和想的完全不是一回事，相差十万八千里，感觉很憋屈。

……

出现以上这些状况，主要就是因为表达时缺乏逻辑、不善于临场发言。如何解决这些问题呢？这就需要我们在了解"结构表达法"的基础上，学习一个百试百灵的"逻辑表达法"："三点法"。只要熟练掌握这个方法，我们就可以迅速提高自己话语的条理性、逻辑性。

有人要问了，为什么是三点，而不是两点或五点呢？一般来说，人们在短时间内只能记住三件事，表述的内容多于三件事就会显得冗长，很容易被人忘记；如果表述的内容太少，又显得不够丰富。

那么怎么使用"三点法"呢？给大家推荐三种组织句子的逻辑顺序：

第一种，时间逻辑顺序。
第二种，空间逻辑顺序。
第三种，三角逻辑顺序。

时间逻辑顺序

时间逻辑很符合人的线性叙事思维，是用得最广泛的表达逻辑。让句子具有时间逻辑的重点是将时间分成三段，讲出每段时间内的关键词，而不是把话讲成流水账。

我们可用以下句子将时间分成三段：

过去_____，现在_____，将来_____。
今天_____，明天_____，后天_____。
起因_____，经过_____，结果_____。

我们来看一个应用这种逻辑顺序的例子：

"今天很残酷，明天更残酷，后天很美好，但是绝大部分人死在明天晚上。"马云的这句话就包含了"三点法"。

空间逻辑顺序

空间逻辑以地理位置或者视觉区域等作为主要依据，有空间逻辑的表述可以让听者在头脑中构建出画面，让语言表达变得可视化。

比如下面这些句子就遵循空间逻辑顺序，将空间分成了三部分：

在家里_____，在路上_____，在公司里_____。

西部_____，中部_____，东部_____。
中国_____，亚洲_____，全球_____。

我们来看一个应用这种逻辑顺序的例子：

我们产品的市场占有量在中国排第一，超越了所有竞争对手；在亚洲排第二，半年内就可以超越第一；在全球排名第八，未来两年我们的目标是进入全球前三名。

我们可以发现，有空间感的表述会让内容形象、生动，让人过耳不忘。

三角逻辑顺序

三角逻辑顺序相对而言适合应用于偏严肃、理性的话题。我们向听者表达有深度的看法或者传递全面看待问题的思路时，可以使用"三角逻辑"。

以下符合三角逻辑的句子供大家参考：

在经济效益上，_____；在社会效益上，_____；在生态效益上，_____。
从产品方面看，_____；从市场方面看，_____；从服务方面看，_____。
对于教师来说，_____；对于家长来说，_____；对于学生来说，_____。

我们来看一个应用这种逻辑顺序的例子：

我认为这个项目值得大力研发。从产品方面看，内测用户对产品功能的反馈很好；从市场方面看，销售数据乐观；从服务方面看，用户体验很好,留存率超过 85%。所以,加大这个项目的研发投入势在必行。

两个万能句子

除了以上三种逻辑顺序外,还有一些其他的逻辑顺序表达方法也很常见。给大家推荐两个不论遵循哪种逻辑顺序,都可以运用的万能句子:

第一,_____;第二,_____;第三,_____。
首先,_____;其次,_____;最后,_____。

即便掌握了运用"三点法"的句子,大家也不能掉以轻心。只有具备了快速归纳和思考的能力,才能将事情准确地概括为三点。当脑海中只有一点想法,却想运用"三点法"讲三点时,要怎么办呢?在这里,我给大家提供一个思考的小窍门:

我们可以根据脑海中的一点想法,进行时间联想、空间联想、三角联想。比如:

由昨天怎么样,想到今天是怎样的,再想想明天会怎么样。
由中国怎么样,想到亚洲是怎样的,再想想全球会怎么样。
由产品怎么样,想到服务是怎样的,再想想市场会怎么样。

掌握了这些,即使我们被临时推举出来讲话,也可以运用"三点法",边讲边联想。不管我们是不是真的想到了具体的内容,都可以先说出三点,再一边解释一边联想,思考具体的内容。相信我,熟练运用"三点法"以后,周围的人就会立刻改变看待我们的目光,因为我们的表达方式,不仅让我们说的话变得自然有逻辑,而且还非常干净利落。

一位曾经不善于表达的财务人员,学会了"三点法"后,在被临时叫上台的情况下,发表了以下感言:

"此时此刻,我百感交集。我想用三个词来概括我此时的感受:第一个词是感谢,感谢领导对我的栽培与信任;第二个词是责任,我深知担任财务部门领导是一份沉甸甸的责任,需要我全力以赴;第三个词是行动,从集团领导宣布任命决定开始,我将认真对待这个职务,依法履行职责,不辜负领导和同事的信任!"

这是一段即兴的就职感言,虽然其中没有什么华丽的辞藻,但是逻辑清晰,给人一种精神、干练的感觉。

要想熟练运用"三点法",还需要经过大量的训练。最简单的训练方法就是在生活和工作中的任何讲话场合都用"三点法"进行表达。汇报工作时用"三点法",布置工作时用"三点法",发表看法时讲三点,回答问题时说三点……

另外,在运用"三点法"时,要特别注意:第一,选好句子,说每一点时都要直奔主题,吸引听者;第二,逻辑清晰,层层深入,让听者能把握住讲话的核心;第三,有所取舍,突出重点,删除和主干话题关系不大的内容。

核心要点

这一节主要讲了三种逻辑表达顺序:

第一种,时间逻辑顺序。

第二种,空间逻辑顺序。

第三种,三角逻辑顺序。

掌握例句很重要,信念更重要,我们需要贯彻的信念是:凡事讲三点,凡事讲三点,凡事讲三点!

极简观点表达法：
言简意赅，让听者听一遍就记住

表达就是传递思想。如果听者听不出我们在表达的过程中要传递什么思想，那就说明，我们的表达是没有内涵的，是无效表达。那如何在表达的过程中体现思想呢？思想在表述事情时，不应是散乱一片的，它的第一体现形式是观点。

不提炼成观点的思想在表达者的话语中，就会显得散乱、混沌，就如同听者明明面对着一座矿山，可在我们的带领下了解它时，听者只能看到一堆土石。只有经过捶打、提炼，才能让蕴藏在矿石中的金子发光。同样，思想只有被提炼成简练的观点，才会醒目、熠熠生辉、有冲击力。

为什么历经两千多年，人们在说话时还会引用《论语》中的句子？原因很多，但从传播的角度看，语录体容易让文章显得言简意赅，适合口口相传。更重要的是，《论语》中有一个核心观点——"仁"，这个"仁"字在《论语》中出现了100多次，孔子回答学生的问题时总是围绕着"仁"字展开。

"极简观点表达法"倡导"段不如句，句不如词，词不如字"，运用这个方法提炼出的话有三个优点：

第一，好记，表达者不需要念稿，不容易忘记。

第二，可以让听者"过耳不忘"，记得牢。

第三，有内涵，有张力，会留给听者充分的解读空间。

那么，如何将观点极简化？给大家推荐三个方法："提炼观点法""浓缩观点法""关键词表达法"。

提炼观点法：增加工序，提炼观点

提炼观点，就是在我们写出讲话内容之后，增加一道工序——提炼出讲话的核心思想。如果我们已经在思考内容的过程中形成了一个观点，也需要再检查一下，看看这个观点能否体现我们要传达的思想。

曾经有一个做培训的朋友给《结构思考力》的作者打电话，希望他能帮自己改一下年终总结报告。

改完后的第二天，我的朋友对这位作者这样说："在你帮我修改之前，领导给我的评价是'你是一个踏踏实实完成工作的职业经理人'；而在你帮我修改后，领导的反馈是'你是一个有思想的高级职业经理人'。"

原来的年终总结报告大概是这样的：

××公司上一年的营销培训工作总结

过去一年我们部门做了三类营销培训：

第一类针对的是线下散客，我们全年共吸引了将近1万名学员……

第二类针对的是企业，我们全年走进了100家企业，为企业高管培训营销理念……

第三类针对的是自家公司的员工，我们给公司的销售人员培训营销技巧……

那位作者是怎么帮我的朋友修改的呢？他仅仅把标题修改成了《打

造有生命力的营销体系——××公司关于上一年三大营销培训项目的工作总结》。

大家可以对比一下两个标题之间的差异。原版总结报告没有对三类培训成果进行提炼，只取了一个常规的标题，没有思想内涵。修改后的标题中包含了"打造有生命力的营销体系"这个核心观点，能够激起读者继续看报告的欲望，读者会想到底打造了哪三大有生命力的营销培训项目呢？

从表述混沌到观点明确，提炼是表达者要做的第一步。想让自己的观点令人"过耳不忘"，就要严格要求自己，逼着自己在准备好讲话的内容后，再增加一道工序，提炼出有力度的观点。

浓缩观点法：压缩字数，浓缩观点

老子说"大道至简"，要把观点变成大家都认同的道理，必须让观点极简，将观点浓缩成精华。比如儒家的观点仁、义、礼、智、信就是简单到极致的。

要让观点发光，具备穿透力，就要不断锤炼，将观点极简化。观点的字数越少越好，最好能像儒家思想一样，精炼成几个字，还让这几个字像口诀一样连起来。要做到这一步非常困难。

如何浓缩观点呢？可以分两步走。

第一步，尝试用一句话把我们想表达的观点讲清楚。创业公司在找投资人的时候，往往都要用一句话讲清楚公司的定位和产品的未来。如果好莱坞的编剧和制片人不能用一句话讲清楚剧本创意，那他们的剧本就很可能出现在垃圾桶里。所以，能用一句话清晰地表达观点，就是向成功迈进了一大步。

第二步，当我们可以用一句话将观点清晰地表达出来后，我们可以试着把观点压缩在 10 个字以内。我在瀚霆企业管理咨询有限公司（以下简称"瀚霆公司"）内部做培训时，对员工的要求是，将观点压缩到 10 个字以内，期望正在看书的大家也能做到。

为什么大多数人讲话时的观点不明显，让人记不住？这是表达习惯使然。没有经过提炼观点训练的人，都习惯于把自己讲话中的观点写成一句很长的话，而不会有意识地压缩句子。在我看来，没经过压缩的观点就是半成品；压缩到 10 个字以内的观点，才能叫成品。

习惯于将观点表达得冗长，与我们受到的教育也有关。我们从小到大接受的语文教育都侧重于语文的"文"，即文字、写作等有关书面表达的方面；而忽略了"语"，也就是口头表达方面。其实，口头表达才应该排在首位。大多数人只写过供人阅读的文章，没学过怎样写讲话稿，经常拿书面材料当讲话稿用。

在表达观点时，书面语和口语最大的区别就是：一个要求全面，一个要求简洁。因为书面材料是供人看的，其中的观点要严谨而全面，经得起反复推敲，所以难免字数多、语句长。口语是用来听的，强调简洁，如果字数过多，听者就会记不住，所以在口语中，简练有力比全面严谨更重要，更能让人印象深刻。

比如，马云那句"让天下没有难做的生意"，不仅成了阿里巴巴的使命，还成了坊间口口相传的一句话。又如，运动品牌耐克的广告语是"just do it"，用户不仅非常认可这句话，还用它来相互鼓励。再如，乔布斯 1997 年为苹果公司撰写的广告语简单到由 2 个英文单词组成——"think different"，翻译成中文就是"非同凡想"。这些口号，句句都铿锵有力，就是因为他们把自己要传递的观点浓缩得既简单，又易懂，而且直指公司的业务核心。

我也将"沟通时如何倾听"的方法压缩成了 4 个短句：

闭上嘴；

睁开眼；

打开心；

献上脸。

这样的概括，言简意赅，一语中的，听者听一遍就能记得住。

关键词表达法

要想让我们的观点极简化，除了提炼和浓缩字数外，还可以用关键词进行表达。例如，我们瀚霆公司要求员工成为"丁"字型人才[①]，我将对他们的要求提炼成了两个关键词："三博""三专"。

"三博"指的是"博闻""博学""博爱"。"博闻"，就是要求我的团队成员多听、多看、多想，要始终保持与现实社会互动的状态，不断更新和拓宽自己的知识面；"博学"，就是要求他们不断学习相关学问，让自己的专业知识日益精进；"博爱"，就是要求他们要有一颗无私而博大的爱心，这样才能更好地服务客户。

"三专"指的是"专心""专注"和"专业"。这就要求我的团队成员要聚焦于自己的领域，心无旁骛，成长为自己领域中的佼佼者。

再比如，"三个代表""五项修炼"等都属于利用关键词表达法的表述。

用关键词法表达观点时，还可以先说出一个关键词，当作自己的核心观点，然后，像滚雪球一样，从各个角度来证明或者丰富这个关键词。

比如，下面这段发言的例子就是以"折服"为关键词丰富而成的：

在和李中莹老师创作《心智力：商业奇迹的底层思维》这本书的过程中，我心中的感受可以用两个字形容——"折服"。李老师的课程中没有

---

① 既有广博的知识面，又有较深的专业知识的人才。

绚丽的辞藻、惊人的词语、时尚的概念。他语言平实，却句句戳心，这样的心智启迪功力实在令人折服。

> **核心要点**

　　让思想具有穿透力、令人过耳不忘的奥秘就是使用"极简观点表达法"，"极简观点表达法"主要包括三种方法：

　　第一，提炼观点法。

　　第二，浓缩观点法。

　　第三，关键词表达法。

事出有因表达法：
说清"为什么"才最有说服力

让一些人讲述同样一件事时，为什么有的人讲述得就很有说服力，有的人讲述得却力量不足、缺乏说服力？

答案是：后者忽视了利用"因"表达事情。"因"就是事情背后的关键因素或根本原因，利用"因"表达事情更符合人性，所以更有力量，更能点燃听者的激情。

乔布斯在挖百事可乐的约翰·斯卡利时，没有向他介绍苹果公司的产品有多棒，而是问了他一句话："你是想一辈子卖糖水，还是跟我一起改变世界？"这里的"改变世界"就是乔布斯招募约翰·斯卡利这件事的"因"。

人们在消费时，购买的不是产品，而是营销人员表达出的理念。比如迪士尼卖给孩子的不是玩具，而是魔幻的想象力和快乐的童年。迪士尼利用的就是营销中的"事出有因"。

我们发言时，人们认同的更多的是我们的信念，而不是我们的方案。比如马丁·路德·金著名的演讲叫《我有一个梦想》，而不是《我有一个方案》。这里的"梦想"就是演讲时要表达的"因"。

不能忽略的因 —— 为什么

"事出有因表达法"中的"因"指的是事物的关键原因，通俗点讲，就是事物"为什么"会如此。我们在现实中表达时并不重视这个"为什么"。

大家都习惯于先说"是什么"，再说"怎么做"，最后才可能会说到"为什么"；大多数人更是将"为什么"这个"因"直接忽略掉。

举一个现实中的例子。

一位汽车销售员向客户介绍车子时说：

"这是我们公司最新款的越野车，它省油、空间大、配备真皮座椅，启动速度快、无需钥匙就能启动，而且它的越野性能好。我们用了最新的脸部识别和指纹识别技术，在节能技术和时尚功能方面下了很多功夫……"

大家看出来了吗？这段话只讲了"是什么"和"怎么做"，没有提到"为什么"。听完后，大多数人会没什么感觉。一般的销售员都是这么推销产品的，因为介绍"是什么"和"怎么做"很简单，看完说明书，基本就能表达出来；而介绍"因"，也就是"为什么"，则需要动脑子、需要深度思考，很费力。

在跟大家分享卖车的正确方式之前，先给大家讲一个有意思的创业故事：

2014年2月，北京连续几天PM 2.5超标，满大街都是戴口罩的人。在这样的天气里，三位年轻的爸爸在一间餐厅里聚会时，聊起了孩子。其中最年轻的爸爸感叹："宝宝出生后，得了几次呼吸道疾病，让人非常心疼。"年纪小的孩子鼻腔短、鼻毛少，对空气污染的阻隔能力还不到成人的1/4，所以家长在这样的天气里更会选择让孩子们待在家里。然而，有研究表明，室内空气的污染程度比室外严重2~5倍。

望着窗外多天不散的雾霾，三人开始在饭桌上研究什么样的空气净化器最好。他们发现，现在瑞士生产的净化器过滤PM2.5的功能最强，但它们没有吸附甲醛的功能，而且一台1万多块钱；国内一些品牌净化器能够有效除甲醛，但这些净化器过滤PM2.5的水平很一般。

经过反复研究，三人找不出一台既能过滤PM2.5，又能除甲醛、杀菌，还适合小孩使用的空气净化器。聊着聊着，一个大胆的想法从三个人的脑海中萌生出来：既然市面上没有，我们三个人为什么不能为孩子做这么一台功能全、品质好的空气净化器呢？

三位年轻的爸爸马上行动起来，研究最先进的过滤技术和净化技术，撰写商业计划书，打造团队，寻找投资。很快，他们获得了高榕资本的青睐，第一轮融资就获得了1000万美元，当时决策投资的负责人说："你们跟我说的那些模式啊、技术啊，我都没听进去，就是'专门给孩子做台空气净化器'这个想法打动了我。因为我也是一个爸爸。"于是"三个爸爸"牌空气净化器就诞生了。

表达的三层境界

故事讲完了，我们来思考一下，销售人员会怎么卖一款空气净化器？按照一般情况，我们把销售人员的表述分为三个层次：

第一个层次是叫卖式的。表述方式停留在这一层次的销售人员会向消费者表达他们的空气净化器健康、智能，是一体式的。这是最常见的卖产品的方法，主要介绍产品功能。

第二个层次是讲设计的工匠精神，先进的工艺与体验。比如罗永浩的锤子科技出品的净化器用的就是这种营销方式，比第一层次的卖法稍微高级一些。

第三个层次是讲做产品的原因。像这三位年轻的爸爸，他们的创业初衷是"为自己的孩子做一台专门的空气净化器，将父母对孩子的爱倾注其中,为孩子的未来而创业"。

可以很清晰地看出来:

第一个层次表达的是"是什么",介绍的是净化器的功能。

第二个层次表达的是"怎么做",介绍的是净化器的制作工艺和方法。

第三个层次表达的是"为什么",利用的即是"事出有因"表达模式,因为人类存在最重要的"因"就是爱。

"事出有因表达法"才是我们需要学习的范例。"因"才是最有力量的,才是点燃听者的关键。当然,我们要做到知行合一,做法和表达出来的理念要一致,否则就是在忽悠。

再回到汽车销售的问题上来,我们怎么运用"事出有因表达法"卖汽车呢?这里给大家提供一个大概的思路:

"我们一直提倡绿色出行,追求时尚和舒适的体验,致力于让驾驶变成一种乐趣。(这就是"因",即"为什么"。)所以我们在节能技术和时尚功能上下了很多功夫,拥有180项专利技术,底盘设计方便您在城市里的所有路况下行驶。我们在您的手能触摸到的地方都用了真皮。每辆车都只为他的主人服务,无需钥匙,通过脸部识别就能启动车辆。这些优点都集中在您面前这辆最新款的越野车上。"

和之前的介绍对比一下,大家有没有感受到差异。重点表达"为什么"即事出有因的"因",再用"怎么做"和"是什么"来证明"因"。这样的表述卖的不仅仅是汽车,更是一种生活理念!

高手和菜鸟的区别,往往就在于高手非常懂得以"因"服人,通过强调"因",来提升表达的感染力,降低说服难度,提升沟通效果。

有一句很流行的话,"不忘初心,方得始终",这句话就是要提醒我们:不管做什么,表达什么,都别忘了是为什么而做的,为什么而表达的,别忘了我们做事、说话的"第一因"是什么,否则,就容易陷进事情本身,忘了方向。

> **核心要点**
>
> "事出有因表达法"是更符合人性、更有力量、更能打动听者的表达方法。
>
> 怎么运用"事出有因表达法"呢?
>
> 表示时,用"为什么+怎么做+是什么"的公式,一定要记得,将"为什么"放到首位。

事件表达法：
先说好事还是先说坏事

我们在职场中表达想法时，常常会因为表述事情的顺序不当，而达不到预期效果。前面讲到"结构表达法"中的"凤头+猪肚+豹尾"，以及"事出有因表达法"中的"为什么+怎么做+是什么"等都是为了帮我们解决以什么顺序表达单个事件能提升说服力的问题。

但当我们汇报工作、发布通知时，免不了需要同时讲述多个事件，这时，我们就会面临多个事件的表达顺序问题。本节的"事件表达法"就要教大家用合适的表达顺序提升表达效果。

想要"会说"，不仅要做到言之有理，更要做到"言之有序"。很多时候，正确地选择表达顺序，会让表达产生事半功倍的效果。

相传，曾国藩早期在与太平军交锋的过程中一直处于劣势，吃了不少败仗，于是在给朝廷的"工作汇报"中，说自己"屡战屡败"。但他幕下的一位师爷说，不要这样写，应该把字的顺序颠倒一下，改成"屡败屡战"。曾国藩恍然大悟，把奏折改了过来。皇帝看到汇报后，不仅没有责怪曾国藩多次战败，还夸奖他历经多次失败却坚持不懈，精神可嘉。

简单地调换了一下顺序，强调"战"的决心，而不是"败"的失落，就将"常败将军"描述得败不气馁、坚韧不拔。

接下来,我们就来学习这种"事件表达法",分析三种具有代表性的事件表达顺序。

先讲坏事,再讲好事

上面的小故事就是一个典型的"先讲坏事,再讲好事"的案例。对皇帝而言,连续战败肯定是坏事,但能维持战斗力、保证士气就是好事。

为什么要"先讲坏事,再讲好事"呢?

心理学中有个重要的原理叫"近因效应",指在听到一系列信息时,人们的认知受末尾部分信息的影响相对较大,对这一部分信息的印象也相对较深。比如,我们在向身边的人介绍一个人时,先说他的四个优点,后说他的两个缺点,听者就会对后说的两个缺点印象更深,并会在一定程度上忽略之前提到的比缺点更多的优点。

众所周知,坏事的负能量巨大,人们都喜欢听好消息,但又不得不面对已经发生了的坏事。那么,根据"近因效应",把好事放在后面讲,更容易给听者留下一个相对好的印象,甚至会在一定程度上冲淡前面讲述的坏事的影响。

再举个发生在我身边的例子:

某个周一早上,下起了大雨,公司有集体会议,一位主管马上迟到了,他估计 5 到 10 分钟就能赶到办公室。

于是,他打电话向会议负责人请假时说:"李经理,因为堵车,我 5 分钟之后到。"结果,这位主管 9 分钟之后才急匆匆地赶到会议室,参会者都已经在会议室里坐好了。李经理非常生气,把他批评了一顿。

通过这次教训,这位主管学聪明了。之后的某次会议召开之前,他又遇到了同样的情况,这次,他打电话请假时说:"李经理,因为下大雨,外面堵车了,我大概 20 分钟后到达。"结果,他 11 分钟后出现在会议室时，会议室里空荡荡的，因为李经理将会议推迟了20分钟。看到这名主管，李经理只说了一句："快通知大家到会议室开会。"

很多职场人犯过李经理第一次请假时的错误。第一次请假时，主管给经理带来的是连续的两个坏消息——迟到和说话不算话，所以经理肯定会生气。

而在第二次请假时，主管虽然请假了20分钟，却提前几分钟到达了会场，在一定程度上冲淡了迟到留给经理的坏印象。

当然，我讲这个例子，不是教大家应付迟到，而是说明"近因效应"的作用，教大家在表达中把握"先讲坏事，再讲好事"的原则。

我在讲"限时表达法"时，给大家讲了"第一印象原理"以及第一印象的重要性，要求表达者要在最初的30到60秒内吸引听者，给听者留下好印象；这里的"近因效应"似乎与"第一印象原理"相矛盾。其实不然，它们只是应该运用在不同的场景中而已。在人和人交往的初期，也就是在彼此还比较生疏的阶段，"第一印象原理"的影响力更大；而在交往后期，就是彼此之间已经比较熟悉的阶段，近因效应产生的影响则大一些。

多件坏事一次性讲

要表达多件坏事、多个坏消息是最让人头疼的。

还有一个心理学原理叫"损失厌恶"。人们都有畏惧损失的本能。心理学家通过研究发现，人们在面对同等程度的收益和损失时，损失带来的痛苦感要高于收益带来的幸福感。

比如，你在上班路上捡到一张100元钱，挺高兴的。可是当你正准备用这100元钱买早点时，它却被大风吹到河里了。表面上看，你没什么损失，快乐和痛苦正好可以相互抵消，你似乎应该回到没捡到钱之前的平静状态，可是这种情况会让大多数人很长一段时间的心情都不太好。我们得到的快乐其实并没有办法缓解失去的痛苦。

当要将多件坏事、多个坏消息表达出来时，我们最好将这些坏事、坏消息一次性讲出来。运用这样的方法，是为了将坏事融合在一起，降低听者的心理损失感；而我们一旦将多件坏事分散到不同的时间点里表达出来，就相当于将听者的损失感从点拉成了线，会给听者带来持续性的痛感和煎熬。"长痛不如短痛"，说的就是这个道理。

比如说，你的朋友开便利店，生意经营得不顺畅，让你来参谋一下，提一提意见，你就可以把意见一次性都说出来："选址不如旁边的竞品店，内部动线设计得不合理，品类选择雷同，活动设计粗糙……"然后在之后的讨论中，给朋友打气、帮朋友加分。这样，朋友会非常感谢你。

如果你在两个小时的交流中，每隔20分钟说出一个便利店的缺点，估计朋友会觉得自己的便利店"这里不行，那里也不行，简直一无是处"，而且你们的友谊在你们谈话结束的时候，也差不多耗完了。

所以，沟通时，包含多件坏事的话要一次性讲出来，减轻听者的痛感。

多件好事分开讲

如果有几件好事要说，我们要一口气说完，还是分开告诉对方呢？

心理学中有个词叫"延长幸福感"，什么意思呢？是一次性捡到100元开心呢，还是走两步捡到20元，再往前走两步又捡到20元，又往前走两步捡到10元，继续往前走两步捡到50元比较开心呢？对多数人来说，还是后者更开心、更过瘾。

所以，把多件好事分开告诉他人，更有利于延长他人的幸福感。如果可能的话，一个好消息也可以分成几段讲。

比如，你要告诉下属小刘一个好消息，你就可以这样说：

"小刘,告诉你一个好消息,你的项目通过了,而且总部审批组给了你很高的评价!"

小刘说:"真的吗?"

然后你就可以说:"总部还给了你奖励,邀请你去北京总部学习半个月,专家会为你做一对一辅导。"

小刘大概会说:"还有这样的好事,正好可以学习一下。"

接着,你可以继续说:"公司给你订往返机票,包星级酒店住宿,加油,好好干!"

等说完这些,走到门口时,你可以突然转身回来,和小刘说:"还有个事,在北京学习完,你可以休假五天,旅个游再回来。"

这时候,小刘估计幸福得要晕过去了。

对比一下,如果你说:"小刘,审批组通过了你的项目,总部邀请你去进修半个月,机票和住宿费都可以报销,公司奖励你学习完休假五天,加油。"小刘是不是就不会那么兴奋了?事实是一样的,但表达方法不同,效果就不同。

> **核心要点**
>
> "事件表达法"包含了三种有效的事件表达顺序:
>
> 第一种:先讲坏事,再讲好事。
>
> 第二种:多件坏事一次性讲。
>
> 第三种:多件好事分开讲。

细节表达法：
细节精准就是靠谱、专业

你可能听过一句话，叫"细节决定成败"，也可能看过一本书，叫《精英都是细节控》，它们无一不在强调，细节对职场人的重要性。

我来举几个例子，让大家有更直观的感受。

比如，你给收款方打款，原本应支付 10000 元，结果你看错小数点，多打了一个 0，让公司损失了 90000 元。公司除了要你赔偿，还可能会开除你。

再比如，你提交了提案后，居然将原本快要成交的单子丢了。深入了解才知道，客户不选择你，是因为你的提案里有几个错别字，这令他们对你的服务品质和专业度产生了质疑。于是，你被领导狠狠批评了一顿。

从上面两个例子中，我们可以看出，成败往往都藏在人们不在意的细节里。表达是否有说服力，能让听者有感觉、被触动，往往取决于细节，有时，一个字就决定了话语的表达效果是好还是坏。

"细节表达法"，将从"数字""用词"和"动作"三个角度来帮大家提升表达细节的能力，让大家的表达更有说服力。

数字要精确

精确的数字往往意味着真实、严谨、说服力强,让人一听就知道这些数字是经过认真调研得出的,我们足够专业,值得信赖。

给大家讲个老斯坦的故事。

老斯坦是德国的一位技术专家。相传有一次,美国福特公司的电机坏了,导致整个车间停止运转。很多专家都没能将它修好。最后,他们请来了来自德国的老斯坦。

老斯坦过来后,在电机旁铺了张席子,仔细听了半天。最后,他用粉笔在电机的一个部位上画了道线,说:"打开电机,把记号处的线圈剪掉16圈。"工作人员将信将疑地照办后,车间果然立即恢复了生产。

这时,福特问老斯坦,需要支付他多少报酬。老斯坦说,不多,只需要1万美元。

福特吃了一惊:"只是画条线,就要1万美元,这也太贵了!"

要知道,1万美元,相当于当时一名普通职员10多年的收入总和了。

老斯坦淡定地回答说:"画条线,其实只要1美元,但是,知道在哪儿画线,价值9999美元。"

福特听后,不仅按老斯坦的报价付了钱,还重金买下了他所工作的公司。

拿1美元和9999美元对比,是不是让大家对技术和经验的价值有了精确的认知,并且印象深刻?可见,细节处数字的力量不可忽视。

我们在分享调研报告、提供解决方案时,不妨多使用这个技巧,让精确的数字帮助我们在最短的时间内说服听者。

另外,这个技巧在交代工作任务时,也是很好用的。

比如,在说明任务截止日期时,不要说:"1周后交。"而要说:"7天后的周二上午10点将这份方案准时发给我。"这样的说法不仅给了员工更明确的提交时间，也会让员工感觉到，你对这份方案的提交时间很在乎，这两种表达方式也会让最后的方案效果不一样。

沟通中，除了直接表述精确的数字，我们还可以运用下面这个句子来表达：

"据 ×× 机构的数据显示……"

例如：据国家统计局发布的数据显示，2019 年末，中国 60 岁及以上老年人口数已达 2.54 亿，占总人口数的 18.1%，养老产业的市场将迎来爆发式增长。

用词要精准

这里的词，指的是数字以外的词汇。

一个用得精准的词往往包含巨大的能量，能在听者的头脑中形成画面，触发他们的视觉、听觉、触觉、嗅觉，甚至味觉，影响他们的判断和决策。

比如，以前香港的香烟盒上都写着一行字："吸烟有害健康"。烟民看到没啥感觉，他们觉得，有害就有害吧，有害的事情多了去了。后来，烟盒上的字改成了"吸烟可引致阳痿"，结果买烟的人少了很多。

你看，"吸烟有害健康"这样的表述是很含糊的，将"有害健康"改成"可引致阳痿"就与烟民的真实生活更贴近了，很多人就真的会重新考虑要不要吸烟了。

在一些工作场合中做表述，比如做汇报或者和上级或下级沟通时，就要特别注意用词的精准性了，因为这关系着你在其他人眼里是否专业、靠谱。

比如，你和小王都汇报工作。小王用两分钟就做完了，将汇总信息、工作分析、思考、建议以及下一步的计划表述得一个不落，而且字字珠玑、表达流畅，大大节省了领导的时间；你呢，可能汇报了半小时还没把问题讲清楚。

换作你是领导，你会觉得谁的汇报更有说服力？谁更专业、靠谱？如果要提拔其中一个人做主管，你会提拔谁？

既然我们已经知道了表达事情精准的重要性，那如何提升用词的精准度呢？我给大家提供两个建议：

首先，要有意识地积累词汇，建立自己的词汇库。比如，在听名人演讲、看书或者听课的时候，有意识地把自己觉得表达精准、可能会用到的词汇记录下来。

然后，可以用前面讲到的"限时表达法"刻意练习，使用所积累的词汇，倒计时说出想表达的重点。

久而久之，我们用词的水平和精准度就会有明显的提升。

描述动作要细致

"描述动作要细致"是指，描述人的言行举止等画面时，可以突出动作的微小细节，以小见大，提升表达的感染力和说服力。

回忆一下，那些影视剧里令我们感到震撼、恐惧或者感动的画面是不是大多由特写镜头呈现？这就是突出细微动作的一种表现。

这个技巧可以用在哪些场景中呢？在复盘工作和表扬一个人时，就特别适用。

比如，我们表扬一个人时，如果只是单纯地夸他逻辑缜密、善于思辨，但又没举出细节，就会让受表扬的人觉得，我们夸得不太真诚。但是，如果我们换一种方式，突出细节，效果就很不一样。

比如，我们可以说："每天离开办公室前，我都会看到你把工作区整理好，用湿纸巾把桌面仔细擦一遍，再把椅子推到贴近桌面的位置，然后才离开，我真要给你这种认真、负责的态度点个赞。"如果你是那个被表扬的人，是不是会觉得这样的表扬方式更有诚意、更令人舒服？因为你的每个行为都被看见了，而且还得到了认可。

再看一名学生赞扬老师的例子：

"我很喜欢××老师，因为他非常爱护学生，总是工作得很投入。每一位学生演讲完从台上走下来的时候，他都会把双手举到脸颊前用力地鼓掌，而不是把双手放在胸前轻轻地鼓掌。这样的鼓掌动作让我感受到了老师对我们由衷的爱。"学生通过观察，抓住了老师高举双手在脸颊前鼓掌的这个动作细节，来说明老师对学生的爱，非常具有说服力。

复盘工作时，更是如此。只有精准复述每个具体的动作细节，才能让团队成员更好地感受到，自己哪里做得好，哪里有待改善和提升，这样才能提升整个团队处理问题的能力。在实践中，我们建议将这样的表述方法和第三章里的"要因复盘思考法"一起运用。

> **核心要点**
>
> 提升细节表达能力的三个关键是：数字要精确、用词要精准、描述动作要细致。

值得一提的是，要想找到、记住有力量的细节，往往要在日常工作和生活中"注意观察、刻意总结、有意记录"，只有这样，我们才能以具有创意性的方式将一些事情表达出来。

故事情境表达法：
学会讲有代入感的故事，引发听者共鸣

身在职场中，人人都需要有讲故事的能力：

如果你是一位销售员，你就要学会讲品牌故事、讲客户使用产品的故事。

如果你是一位管理者，你就要学会讲企业文化的故事。

如果你是一位创业者，你就必须学会讲愿景、使命和经营理念的故事。

即使你是一位基层员工或技术员，你就要学会讲述职业成长故事或技术突破故事。

……

我们每个人可能都有过这样的经历：一个很有意思的故事或桥段，被自己或某个同事描述出来后，就失去了原本的味道。原因就是，我们之中的大多数人没有经过"故事情境表达"的训练。

通俗点讲，"故事情境表达法"会提升我们讲故事的能力，教我们运用有代入感的讲故事方法，引起听者的共鸣，让听者在不知不觉中接纳我们所讲述的理念和产品。

好故事的三层魔力

职场人要学习"故事情境表达法"的具体原因有以下三个：

第一，好故事具有天然的传播力。

在讲"极简观点表达法"时，我强调过，观点简练才能被人记住。我们所讲的事情能被人记住，是我们追求的初级目标；而我们的高级目标是让我们所讲的事情被人深刻地理解并且能快速地传播，"故事情境表达法"解决的就是这个高级目标的问题。

不知道大家有没有发现，很多景区、品牌、名人的背后都有一个传播得非常广泛的故事。比如西湖的白蛇故事、《边城》中的湘西故事、褚时健种植"褚橙"的创业故事、乔布斯在车库中创业的故事、海尔集团张瑞敏砸冰箱的故事、新东方俞敏洪等人的合伙人故事、阿里巴巴十八罗汉的创业故事等。这些有情境的好故事都拥有穿越时空的传播力。

第二，好故事意味着说服力。

好故事可以让对方更愿意听你想表达的道理。

在某公司的一次例会上，一些中层领导抱怨，自己团队的员工效率低，常常不能按照要求完成任务。组织会议的领导便给他们讲了一个故事：

作家林清玄走过一家羊肉炉店的门口时，一位中年男子叫住了他，并对他说："林先生一定不记得我了。"中年男子开始说起20年前，林先生写了一篇关于一个手法细腻、讲求风格的小偷的特稿。这个小偷作案上千次后，才第一次被抓到。林先生在文中感叹："心思如此细密，手法这么灵巧，风格这样突出的小偷，又是这么斯文有气魄，如果不做小偷，做任何一行都会有成就吧！"林先生回过神来发现眼前羊肉炉店的老板，正是当年的那个小偷。他对林先生说："林先生写的那篇特稿，打破了我的盲点，使我想，为什么除了做小偷，我没有想过做正当的事呢？"

这位领导讲这个故事就是为了告诉大家：没有没用的员工，只有不会用员工的领导。拿小偷和公司内团队成员的职业作比较或许没那么恰当，但连小偷都能在指引下走上正路，足以想见，许多员工不是没有价值，而是领导没有让他们找到自己的价值所在。如果领导能把每个员工都放在正确的位置，那么他们就会爆发出巨大的战斗力。

第三，好故事"润物细无声"。

故事是非常古老的表达工具，讲故事的能力推动着人类文明的发展，神话、宗教、教育、商业、娱乐都离不开一个个好故事。比如，2018年最热门的"讲故事"行业——电影行业，共给人们讲述了500多个故事，创造了超过600亿元的票房，平均每个故事的价值大约是1.2亿元。

当讲道理的效果不好时，故事或许可以给我们带来惊喜。有一个古老传说："真理"一丝不挂地来到村子里，所有人都很害怕，不敢直视它。智慧老人把它请回家，给它披上了衣服，让它化名为"寓言"。当"寓言"走到村里时，所有人都很喜欢它。

通过感性的故事传达理性的真理是人们喜闻乐见的。通过故事，大道理能变得温和，变得润物细无声。

既然故事具有如此大的魔力，那么职场故事该怎么讲？很多人认为，能把故事讲好是一种天赋，其实并非如此。接下来，我们来看一下如何讲好企业文化故事和个人成长故事。

企业文化故事三要素

企业文化故事一定要蕴含三个要素：适当的冲突、曲折的行动细节和颠覆常规的结局。怎么理解呢？

首先，一个好故事必然包含冲突，而且这个冲突一定是主角的渴望和突然出现的障碍之间的冲突。

其次，一个好故事一定包含各种生动的细节和行动，没有细节的故事是没有血肉的，无法打动人。

最后，一个好故事的结局一定会给听者带来惊喜，比如客户的转变、员工的成长或者企业发展的转折，甚至会颠覆听者的想象。

我们来看一个例子：

由于制造业容易出现工伤事故，所以，新员工在入职时，就要接受安全意识的培训。这个时候，比起讲干巴巴的道理或者让员工自己看文件，讲一个精彩的好故事会更有效。一家工厂的总工程师，就是这么做的。

每次给新员工做安全意识培训时，他都会先讲一个故事：

"你们知道，我们厂上一次死人是什么时候吗？"

"对，25年前。那年，我和你们差不多大。

"当时，我跟着师傅去调试设备，快走到控制室，才发现自己忘了拿图纸。没想到，等我把图纸拿回来的时候，仿佛天都变了。

"一个工人突然从工厂中跑出来，叫声凄厉，浑身烧成一团火球，向我奔来。你们能想象那个画面吗？周围的人想用衣服帮他把火扑灭，可刚刚靠近一点，大家就被火球的温度烫得不由自主地往后退，然后，就只能眼睁睁地看着自己的伙伴被烧灼。

"或许，因为事情发生得太突然，当时，居然没有一个人反应过来，去拿个灭火器。最后，那位同事因为重度烧伤，不治身亡。在那次事故中遇害的，不止他一人。警报拉响不久后，就发生了爆炸事故。

"后来，经调查发现，造成这场事故的，居然只是一个没熄灭的烟头，而死伤人数高达14人。很不幸，我的师傅也是他们中的一个。在那场爆炸中，他被炸得血肉模糊，手脚都被炸成了碎片，我们连他的尸体都没找全。

"从那以后，我就想，绝对不能让这种悲剧再次发生。我害怕因为自己的一个疏忽，再看到被烧焦的人，或者捡到被炸成不知道多少片的人。25年来，这是我的一个噩梦。所以，今天我想说，有些错误，我们犯过了,你们就不要再犯了。"

听完这个故事,相信大家都会觉得,在生产工作中,再怎么小心都不为过。

大家在事故发生时想救人,却因为事发突然,呆住了,这就是故事中的冲突。"血肉模糊,手脚都炸成了碎片……捡到被炸成不知道多少片的人"是令人生畏的细节。最终"死伤人数高达14人"是结果,其实还有一个结果,就是这25年来,再也没发生过类似的事故。

当然,在实际工作中,我们大部分人不会遇到如此严重的事故。但是,如果你在和同事讲工作注意事项的时候,能以你的亲身经历为例,讲一讲你第一次遇到类似情况的时候,是怎么想的,怎么做的,最后是怎么解决的,得到了什么教训,会比光讲道理更加有用。

我在服务企业家时就经常对他们说,中小企业营造企业文化最好的方式就是"用故事传播,以口号认可",这样就能更快地把企业文化的内涵和精髓融入整个团队。

个人成长故事四步骤

很多职场人都感觉自己没有故事,在面试和晋升选拔时不知道该说些什么。大家的头脑里存在一个巨大的误区,其实每个人的职场经历都是由一个个故事构成的,大家从来不缺故事素材,缺的是讲故事的方法和套路。

能不能讲好故事,关键要看愿不愿意学,有没有探索的想法。前面我们提到,2018年全国上映了500个好故事,我要告诉大家的是,其中一多半的故事中都包含一个套路,就是个体的"英雄之旅"模式,我特别喜欢这个模式。

"英雄之旅"模式是1948年神话学家坎贝尔提出的。坎贝尔将"英雄之旅"模式归纳为"启程""启蒙"和"回归"三大阶段,一共包括17个步骤,如果大家有兴趣探索,我推荐大家看看《千面英雄》这本书。

讲述个人职场故事并不需要17步,我根据职场对效率的要求,将"英雄之旅"故事模式浓缩、提炼成"职场故事四步骤":

第一步,讲述目标与考验。

第二步,表现努力与挫败。

第三步,体现贵人或意外。

第四步,讲述转折与结局。

通过四步骤,我们就能讲出精彩、让人回味的好故事。

我们来看一个例子:

我一直梦想成为一名职场表达的高手,但我从小就嘴笨,还有些内向,逐渐形成了自卑的性格。

(这是第一步,讲述了目标与考验——目标里面要蕴含着热爱、信念以及考验,考验意味着冲突,有冲突出现,故事才会有下一步。)

我每天下班回家,都花两个小时写讲话稿,花3个小时对着镜子努力练习;但是,我每次在公开场合发言时,要么被领导打断,要么得不到大家的认可,这让我更加自卑了。

(这是第二步,表现了努力与挫败——主角不努力,就没有意思了,主角必须付出各种努力。人们乐意看曲折的故事,主角努力后通常会遭遇挫败,变得消沉。)

正当我不知所措的时候,在一个偶然的机会中,领导给我推荐了瀚霆老师的"五项能力修炼场"微课,我发现,我没有抓住关键原因,话语缺乏结构和逻辑,观点缺乏锤炼。

(这是第三步,体现了贵人或意外——因为遭遇挫败,难以达成目标,所以必须有个贵人来指点迷津,使故事朝着目标方向发展。这里要注意:如果前面没有努力,那么后面意外或贵人的出现就会显得不那么有力。)

我感觉如获至宝,按照瀚霆老师的方法越练越顺畅。终于,我的近两次发言都获得了同事的掌声和领导的肯定。

(这是第四步,讲述了转折与结局——在贵人或意外的帮助下,主人公有了新的顿悟,故事开始逆转,主人公实现了目标,成了更好的自己。)

我们再来看另一个家喻户晓的例子——"龟兔赛跑":

乌龟想要在跑步比赛中比兔子先到终点,但乌龟先天条件没有兔子好,跑得慢。(这是目标与考验)

乌龟一直努力坚持跑;兔子三下五除二就遥遥领先。(这是努力与挫败)

兔子骄傲地睡觉了。(这是意外)

乌龟毫不气馁,一直向前爬,超过了睡着的兔子,在比赛中获胜了。(这是转折与结局)

"故事情境表达法"的两个原则

在践行"企业文化故事三要素"和"个人职场故事四步骤"的过程中,要把握"故事情境表达法"的两个原则:

第一,体现真情。

故事要打动人,最关键的是其中要包含我们对目标、对事业的热爱和执着。

陶行知说"千教万教教人求真,千学万学学做真人",确实如此。我一直认为,真实是力量的源头,也是做人处事的基本准则,讲企业文化故事和个人职场故事离不开真情。

第二,叙述场景。

要讲与听者有关的场景,这样听者才能共情,才能产生共鸣,并被代入其中。

要讲自己的故事，才能讲出细节，讲得生动形象。

把握好这两个原则，我们就可以让故事更深入人心、更有力量。

核心要点

讲好职场故事是每位职场人必须修炼的能力。有情境的好故事包含三大特点：第一，有天然的传播力；第二，有强大的说服力；第三，"润物细无声"。

企业文化故事需要蕴含三个要素：适当的冲突、行动和细节、颠覆常规的结局。

讲个人成长的故事可以分四步：讲述目标与考验；表现努力与挫败；体现贵人或意外；讲述转折与结局。

在讲故事的过程中，还需要把握两个原则：第一是体现真情；第二是叙述场景。

向上沟通表达法：
合作式沟通，帮领导做出更好的决策

美国盖洛普公司的一项调查研究显示，半数以上的员工离职是因为无法与领导处好关系。处理好与领导的关系，关键在于做好与老板、上司的每一次沟通。

如何提升这项重要的向上沟通能力，运用好"向上沟通表达法"？给大家提供三个有针对性的建议：树立一种合作心态，把握两个沟通原则，学会四种沟通方式。

树立合作的心态

职场中有两类员工：一类员工遇到老板时会下意识地躲避，因为他们觉得老板是权威，让人害怕；另一类员工遇到老板时会主动往前凑、跟老板打招呼，因为他们认为老板是资源。

躲避老板的员工，往往把老板跟自己分化成两个对立的阵营，私下里聊天时会说"他们领导……我们员工……"，老板的错误往往会成为他们吐槽的谈资。这类员工成长得慢，具有典型的与老板对立的心态。

而主动往前凑的员工，会把老板当作资源，抱着合作的心态。他们认为:"老板是资源,是我在工作中达成目标的资源,也是帮助自己成长、进步的资源,我要争取这份重要的资源,才能在公司里更好地成就自己。"

向上沟通的本质,其实是合作,只不过这种合作披着"说服式沟通"的外衣。达成这种合作并不需要我们否定或者推翻领导,但需要我们通过表达自己的意见和建议,帮助领导做出更好的决策,让工作更顺利地进行。

一些员工的心智模式是固定型的,而另一些员工的心智模式是成长型的。表现出合作的心态,就是具有成长型心智模式的典型表现。具有合作的心态是与领导沟通的前提,抱着这样的心态,才能与老板建立同盟关系,帮助公司达成目标,突显个人价值,从而与老板相互成就。

把握两个沟通原则

1. 主动沟通

对一个职场人来说,最高级的称赞就是两个字:靠谱。"凡事有交代,件件有着落,事事有回应"就是靠谱的表现。要做到这些,靠的就是主动沟通。在领导心里,主动沟通是一种加分的表现,也是你获得信任的前提。

进入一家公司后,要主动和老板约定固定的沟通方式,比如每周一次,一次半小时。提前定好沟通的内容、时间和地点,会让沟通更加顺畅。

阿里巴巴集团执行副主席蔡崇信刚刚加入公司时,就跟马云约定:每周双方进行两次面对面的工作反馈。起初的两年里,两个人每周一、周三下午见面,事无巨细地谈论公司的经营现状和自己面对的挑战。两年下来,沟通真实的意见成了他们关系之中最自然的部分,而且他们已经能随时进行交流,不必再等到周一或周三下午了。

主动沟通会让老板心里有安全感,让老板对项目的进程心中有数,这是老板想要的。与之相反,被动沟通不仅会让员工在老板心里减分,还需要员工花更多时间和精力来应付老板的各种不合理监督和管控。

2. 支持老板

老板之所以能做老板，肯定有过人之处。但老板并非万能的，在某些方面肯定需要员工的支持。

怎么支持呢？首先我们可以在和领导沟通的时候和他分享一些有价值的行业资讯，这是一种不错的沟通形式。

除此之外，我们还可以帮老板节约时间。相对来说，老板的时间比员工的时间值钱，用自己的时间帮助老板节省时间，不仅会让团队效率提高，老板也会心存感激。当杰克·韦尔奇的助理被问及"你最大的价值是什么"时，她说："在 14 年的时间里，我帮老板节省了 2 万个小时，这大概相当于老板每周多一天的时间。"哪位老板不愿意留住一个每周能给自己省出一天时间的助理呢？

学会四种沟通方式

把握主动沟通原则和支持老板原则，是学习具体沟通方式和技巧的前提。学习了前两者之后，我们来看一下具体的沟通方式。

1. 汇报工作有准备

跟老板汇报工作时，一定要准备两个以上的建议或方案。我特别欣赏自己曾经的助理小翠，她汇报工作的方式让我感到很踏实。

当我在外地出差时，总和她以这样的方式进行电话沟通：

"舒总，我将手头上的方案跟您汇报一下，您方便吗？"

"好的，你说。"

"关于给周总公司的策划方案，我觉得有两种思路：

"第一种是……

"第二种是……

"它们各有优势与不足，分别是……我比较建议用第一种，因为……舒总，您看哪种思路更合适呢？"

"我也觉得第一种比较好。那你去做接下来的工作吧，周六中午前把方案发到我邮箱。"

她的话中既包含两种建议，也包含具体分析，这是老板最喜欢的汇报方式。不但为老板节省了时间，也减轻了老板的决策负担。

另外，汇报工作时还需要在语气上做好准备。

要清楚，我们的沟通对象是等级更高的领导，我们可以不卑不亢，但千万别让他感觉到，我们的语气中包含任何的不敬或者冒犯。所以，在沟通的过程中，我们要细心聆听和观察领导的情绪，随时调整说话的语气。否则，语气不对，技巧全废！

2. 换位思考

"要想有效沟通，必须换位思考"，要想说服老板或者上司，必须学会从老板或者上司关心的角度切入。

领导思考的角度大多偏向有关战略的大方向，缺乏对细节的把控，他们有时甚至对容易出现失误的地方认识不足。这时，就需要我们站到他们的角度上深度思考，从他们的关心点切入，为他们提供互补支持，厘清他们思考的盲点，更好地找到解决问题的方法和策略。

具体怎么做呢？可以先认可领导的思考方向，再顺势提出看法和建议。

在《西游记》"三打白骨精"里，孙悟空说那是妖怪，唐僧就是听不进去，他因为孙悟空杀生而生气，甚至把孙悟空赶走了。

为什么唐僧听不进孙悟空的意见？表面上看，他是不相信孙悟空的专业水平，其实真正的原因是，他们关注问题的方向不同。

孙悟空相当于我们现在的专业技术人员，只负责降妖除怪，见妖怪就打很正常。可唐僧是什么人？他是十世修行的金蝉子，安全不是他考虑的首要问题。唐僧当然知道孙悟空是专家，但问题是，万一孙悟空错了呢？唐僧的十世修行就会付诸东流，取经这事儿就算彻底泡汤了。

那么孙悟空该怎么和师父沟通呢？

他可以这样说："师父，我知道您怕我万一看走了眼，滥杀无辜。可是您也要想想，万一我们被妖怪的外表迷惑，错放了妖精，可就要让周围的老百姓受苦了，生灵涂炭都要算在我们头上。到时候您在佛祖面前如何交代啊！"就算唐僧这时候还犹豫，但至少不会念紧箍咒了，因为他的想法被照顾到了。

再看一个职场工作中对话的场景。

领导对小王说："我们的业绩最近下滑得有点多，我认为，目前最迫切的是要想办法提高客户的留存率，你负责跟进这项工作吧。"

可小王很清楚，领导这个解决方法是偏向战略方向的，从实际操作的角度讲，不太可行，而且无法立竿见影。因为目前的客户留存率已经超过行业的平均值，要想再提高，不仅难度大，而且要投入的资源也很多，最关键的是，提升客户留存率对提升业绩的效果不明显，整体来看，投入产出比会偏低。相反，小王认为，目前最应该做的是赶紧提高提升空间较大的新客转化率。

但如果小王直接提出这个建议，就相当于否定了领导的判断，说不定还会和领导争论起来。怎么办呢？

小王可以这样说："嗯，提升客户留存率的确很重要。我还有另外一个想法，可以用更低的成本快速提升整体业绩，要不我也和您说说，您看看是否可行？"

领导可能就会说："那你说来听听。"

这个时候，小王就可以把他的想法和建议一一展开叙述，让领导看到真实的情况。

作为职场人，跟领导沟通时，我们要学会换位思考，从领导关心的话题切入，这样才能实现有效沟通。当我们的想法与领导的意见不一致时，不妨先认可领导的方案，再提出自己的建议。

3. 用"要支持"代替"讲困难"

当领导布置的任务难度大时，与其不断强调困难，不如换个表达方式，向领导申请我们需要的支持和资源。

比如，领导要小赵在这个季度完成200万元的业绩。但上个季度团队中业绩最佳的员工也才完成了150万元。

小赵可能会直接和领导说："我的客户量不多，客源渠道也很有限，自己的销售技巧比业绩第一的同事差，要完成这个目标，真的很有难度……"

虽然这些都是客观事实，但听在领导耳朵里，这都是借口。这时，小赵如果能换个说法，或许就能达到不同的效果。

他可以说："领导，关于如何完成这个目标，我计划从以下两个方面入手，希望您能提供一些支持：第一，我计划多拓展几个渠道，增加我的潜在客户量，提升我的客户基数，希望您能提供一些资源；第二，我计划通过学习更多的销售技巧来提升我的成交转化率，我听说，上个年度的销售冠军是您一手带出来的，希望您也能指点指点我……"

两段话要表达的内容实质是差不多的，但换了个角度，是不是感觉很不一样呢？话语中表现出来的态度从消极悲观一下变成积极向上，领导会感觉这名员工已经奔着目标去了。

4. 沟通方式要灵活

很多当代的职场人都习惯于用微信进行沟通，在微信上等老板的反馈，会降低部分工作的执行效率。老板一般都很忙，我们要根据工作的具体情境，选择适合的沟通方法。

探讨一般工作内容时，可以选择用微信沟通。

需要解决紧急的事情时，一定要面对面沟通或直接打电话沟通。

处理严肃严谨的工作内容时，要用正式文件进行沟通。

> **核心要点**
>
> 跟老板和上司建立顺畅的沟通关系是非常重要的职场能力。提升这项能力要记住三点：
>
> 首先，要树立合作的心态。
>
> 其次，把握两个沟通原则：主动沟通；支持老板。
>
> 最后，学会四种沟通方式：汇报工作时准备两个以上的方案；要善于换位思考；用"要支持"代替"讲困难"；根据工作内容选择不同的沟通方式。

上推下切表达法：
争得不可开交时，如何达到双赢的效果

当我们面对上级和下级、客户和销售之间的沟通冲突时，可以运用能够化解冲突、促进双赢沟通的"上推下切表达法"。"上推下切表达法"通过把交谈的方向引向三个方面，以达到双赢的沟通效果：

上推——找到意见提出的动机，建立共识。

下切——聚焦问题的关键，探索深层原因和解决方法。

平移——探索多种方法，发现多样选择。

以上三个技巧，统称为"上推下切表达法"。"上推""下切""平移"这样的词似乎有很浓的学术味，但其实我们可能偶然间使用过这类技巧。

上推法：探索动机达共识

当双方出现意见分歧时，运用"上推法"，找到两个人言语中蕴含的共同动机，就能化解分歧、达成共识！我们先来看一个例子：

两个大学毕业生要合伙开一间餐厅。所有合作细节谈妥后，两个人便开始装修店面。谁知在决定餐厅的颜色主调时，甲要红色，乙要蓝色，两个人各持己见，争论不休。

甲说:"红色代表热情,红彤彤的,会让我们的餐厅更有活力。"

乙认为:"红色俗,没档次,蓝色代表宁静、优雅,让人感觉高级。"

甲不甘心地说:"蓝色太忧郁,闷死人啦。"

就这样你一言我一语,两人的分歧越来越大。

如果你在他们身边,你会怎么解决这两个人的分歧?其实,运用"上推法",提出两个简单的问题,就可以轻松化解他们之间的分歧。

你可以问他们:"你们开餐厅的目的是什么?"

他们可能会说:"要为顾客提供美食、增加自己的收入。"

你就可以接着问:"既然为顾客提供美食、增加自己的收入是你们开餐厅的目的,那么只要这样的大前提不受影响,其他的都是小事,对吗?"

提出这样的两个问题,通过"上推法",找到双方的共识,就会让两个人从各自的思想盲点中走出来,认清大前提,平心静气地以更开阔的胸怀看待问题,做出让步。

用"上推法"探索说话人的动机时,一定要探索正面的动机。我们要相信人在说话时带有正面动机。因为一旦我们和说话人一同陷入负面动机,沟通就会变成吐槽,对解决问题无益。

我们再来看下面这个例子:

小王向他的领导抱怨:"领导,那个投诉的客户好无理啊。"

这个时候,领导如果从他说这句话的负面动机出发回应,可能会说:"小王,我理解你的感受,你不喜欢处理这类投诉,对吧?"然而这样的回答,会导致沟通失控。小王和他的领导不仅负面情绪越来越多,还会让这次交流变成吐槽,让问题难以解决。

但是,领导如果看到了小王这句话背后的正面动机,就可以说:"小王,我理解你的感受,你也是想迅速搞定这个客户,对吧?"

小王就可能会答道:"对,我正在思考如何搞定他。"

这时,小王和他的领导就会开始探讨具体的解决办法。

需要提醒大家的是：不同级别的人说话时的动机和重点不一样。一般来说，级别越高的人，越关心全局性的和有关公司形象的问题；级别越低的人，越关心有关规章制度、部门 KPI 的具体问题，这就需要我们用灵活的视角找到不同动机中的重点。

下切法：探索原因找方法

"下切"就是逐步缩小谈话的范围，抓住问题的关键点，深入探讨，从而找出问题的原因或者解决问题的突破口。

我们先看一个有关成长的例子。

我：成长对于每个职场人来说都很重要。

学员：是的。

我：你认为怎么做才能成长呢？（第一次下切）

学员：不断学习才能成长。

我：学习的确重要！你学习的主要方式是什么？（第二次下切）

学员：主要是听一些线上课程。

我：你经常听什么类型的课程呢？（第三次下切）

学员：职场基础技能方面的，比如如何做 PPT 或写作。

我：学习了这类课程后，你认为自己还有短板吗？（第四次下切）

学员：有，沟通一直是我的短板。

我：我给你推荐一门职场好课——"五项能力修炼场"，它可以帮助你改善你的沟通方式。

在这段对话里，甲进行了 4 次"下切"，先从"成长"下切到"学习"，然后下切到"线上课程"，再下切到"职场技能课程"，最后下切到

"沟通"。通过不断下切，双方都对乙的短板有了更深入的了解，最后，甲给乙推荐了适合他的职场技能课程"五项能力修炼场"。

我们再来看一个例子。老板让下属去做一件事。

下属：这件事情不好搞。

老板：这件事的哪部分不好搞呢？（第一次下切）

下属：这件事物流部不太支持。

老板：物流部为什么不支持呢？（第二次下切）

下属：物流部的李经理没有和供应商谈好。

老板：他们在哪一个环节还没有谈好呢？（第三次下切）

下属：他们在有关货品的物流费用方面没有谈好。

在这个例子中老板通过不断下切，找到了下属拒绝做这件事的最终原因。这时老板就会知道，当自己帮助下属排除物流费用这个障碍后，下属就会承接这件事。

"下切"的目的就是要找到能够突破问题的关键点，找到关键点后，如果你是老板，就可以想一想自己能为对方提供什么样的支持和建议；如果你是下属，就可以想一想自己需要什么样的帮助。这样才能消除抱怨、冲突，实现双赢。

通过以上两个例子，我们会发现，在运用"下切法"时，我们可以从以下两个方面入手：

一方面，可以针对某个行为进行下切，询问行为的具体表现、目的和结果，找到优化行为的办法；另一方面，针对问题的某个原因进行下切，不断发问，找到问题的根源，进而找到解决问题的方法。

平移法：探索多种可能性

"平移"就是在沟通的过程中，引导对方找到替代方案。

一般情况下，"平移"要跟"上推"一起使用，通过上推找到共识，再在共识的基础上将目标平移至与其他解决方法相对应。我们来举个例子：

假如你是一名经营管理顾问，有个客户带着愤怒对你说："帮我开除这个员工。"面对这种难以满足的情绪化要求，你可以根据对方的动机先进行"上推"："先生，我理解您，您是希望给这个员工一点教训，对吧？"你和客户达成共识之后，你就可以将教训平移到开除以外的其他措施上来，比如罚款、调岗、发布书面警告等。

另外，"平移法"是销售人员的一个法宝。

销售人员更需要懂得运用"上推＋平移"的技巧，当客户要买的产品不在销售人员所在店铺的经营范畴之内时，销售人员就可以通过"上推"，与客户达成共识，再将客户买产品的目的平移到其他产品上去。

例如，当客户询问"卖不卖咖啡"，而某销售人员所在的店里没有咖啡时，他就应该在回答完"没有"后，马上"上推"："您是想来点提神的饮料，对吧？"得到肯定回答后，这位销售人员就要马上开始介绍其他饮料的提神效果了。

> **核心要点**

"上推下切表达法"中包括三个提问技巧:

通过"上推",找到行为动机,与听者建立共识,可以保证沟通的开放性和可持续性。

通过"下切",缩小谈话范围,探索深层原因,可以找到解决问题的方法。

通过"平移",可以获取更多信息,找到更多解决问题的方法与可能性。

如果我们能熟练掌握这三个技巧并能在面对复杂问题时综合运用,那么,即便面对再难处理的冲突僵局,我们都能轻松破冰,快速将其化解。

变焦表达法：
让听者跟着你的思路走

什么是变焦呢？我们用相机拍照时会发现，使用广角镜头拍出来的照片视野开阔，通常能让我们一览全景；使用定焦镜头拍出来的照片则更细致、生动，人们会情不自禁地被放大的细节吸引。

"变焦表达法"就是通过切换镜头，变化焦距，让我们说出来的内容富有层次、获得升华，潜移默化地感染听者，让听者跟着我们的思路走。

常见的变焦表达方式有三种：

第一种是缩短焦距，放大视野。从微观说到宏观，以小见大，达到"窥一斑而知全豹"的效果。

第二种是拉长焦距，缩小视野。也就是从宏观说到微观，从虚泛的说到具体的。

第三种是转移焦点，将听者的关注点从焦点 A 转移到焦点 B。

用这三种方式说话，不仅会让人觉得我们的表达"高大上"，还会让听者忍不住认真思考我们所说的每句话。听起来"变焦表达法"很神奇，那我们要怎么用这样的方法说话呢？

缩短焦距，放大视野

当我们想要突显或者强调某件事的重要性、价值、意义或者传播理念时，就可以使用"缩短焦距，放大视野"这个方法。

比如，某工厂生产部经理小王为了强调"服装上有线头冒出"这个细节对公司发展的危害性，在员工大会上是这样说的：

"作为一线生产者，当我听到一些经销商投诉，他们从我们这里进的服装上有线头冒出时，我的内心特别紧张。在我看来，这不仅意味着我们制作的服装上还有线头没剪掉，还意味着我们的品控出了问题，这可能会导致这些经销商选择进其他厂家的货。那我们面临的就不仅仅是客户流失的问题了，这个小细节可能会让我们都丢掉自己的饭碗，会让整个公司都陷入危机……"

小王从"服装上有线头冒出"这个小细节切入问题，再逐步将视角切换到员工的饭碗，甚至公司生死存亡的宏大视野上，这就是放大视野的过程。

再比如，我的团队在和一家公司的老板强调"会说"的重要性时，是这样说的：

人人都要说话，但不是每个人都"会说"。"说话"是一种需要不断学习、修炼的能力。

一个销售员，如果不善于表达，在开发客户时，就会没有说服力；

一个管理者，如果不会表达，就很难让下属理解他的意图，也很难让老板听懂他的汇报；

一个人力资源专员，如果不善于表达，就无法说服优秀的人才加入公司；

一个营销人员，如果不善于表达，就无法说动公司领导采纳他的创意和拨给推广经费；

一个创业者，如果不会表达，就无法建设团队，找不到合作伙伴，拉不到投资；

一家企业"不会说"，会导致人员沟通成本高，运行效率低，未来还将面临被淘汰的风险。

做大大小小的工作汇报都需要职场人具备"会说"的能力，这种能力无论对个人来说，还是对企业来说，都非常重要。

听了这段话，我们是不是会感觉到，"会说"对个人和企业来说真的非常重要，自己也应该寻求方法，提升这方面的能力了呢？

"缩短焦距，扩大视野"这种表达方法，在传播理念以及塑造产品价值时有着天然的竞争优势。这种方法会让话语如同星星之火变成熊熊燃烧的燎原烈火，吸引所有周围的目光。

拉长焦距，缩小视野

如果说，"缩短焦距，放大视野"是在"务虚"，那"拉长焦距，缩小视野"就是在"务实"。因为，拉长焦距的目的就是要把听者的注意力聚焦到某个具体的动作上，这样才能让他们尽快行动起来。

毕竟，再高深的理念和情怀都必须落实到具体的日常行为中。

比如，马云在给员工做愿景、使命培训的时候，总会把"让天下没有难做的生意"落实到写好每一行代码、打好每一次电话、送好每一件快递、设计好每一张宣传图等具体的细节上。

大家看，把那句听起来遥不可及的话，缩小到具体行动的执行上，是不是就会让员工觉得，这个使命其实离员工一点都不遥远，每个员工都可以为这个使命贡献力量！听到这样的话，员工的行动欲望，也就会变得更强烈。

管理者在鼓舞团队一起实现某个目标的时候，不妨尝试一下这种方法，把团队的目标拆解并落实到一个个可执行的行为中，这样，带领他们一步步朝目标奔去会更省力。

向领导做汇报时也可以用这种方法，目的是告诉领导："我们已经开始进行某项具体行动了。"

假设你是某公司质量管理部的负责人，近期公司的产品质量控制水平下降，老板来问责时，说："最近怎么总有质量投诉？"你就可以用"拉长焦距，缩小视野"的方法回答：

"抱歉，老板。我们最近的质量控制水平的确有下降的趋势，这是我们的管理问题。不过，好消息是，我们已经找到了问题所在，并且提出了具有针对性的解决方案。从具体措施的角度说，我们将会针对所有质检人员展开培训，帮助他们理解并掌握新的质量控制系统，从而减少错误的发生。"

这个例子中的负责人通过告诉领导具体做法，让领导对日后的工作有了信心，我们在领导问责时，也要将答案落实到具体的行为中。

转移焦点

转移焦点就是让听者的注意力，从 A 转移到 B 上来。

例如，同样是在酒吧卖坚果，小王的业绩比其他人高，他接待的大多数客户都会从他这里买走坚果。他和其他人的销售方法有什么不同呢？其他人在接待客户时，问的是"要不要买点坚果"，而小王问的是"要花生还是腰果"，他一下就把客户关注的焦点，从"要还是不要"，转移到"要花生还是腰果"上来，他卖坚果的成交率自然就提高了。

运用这个方法，就可以有效地把听者引导到我们的目标方向上，促使他们做出我们想要的行为。下次和客户沟通时，我们就可以让"转移焦点"这个方法帮助我们更快地达成交易。

另外,跟下属谈话时,也可以应用这个方法。多问"如何做",少质问"为什么",把焦点从找借口转移到找方法上来。

我们来看下面两组问题:

"你为什么又迟到了?""办公室为什么这么乱,该由谁负责?""你为什么又没完成本月的业绩?"——问出这类问题时,领导得到的将是一堆借口和理由。

"我们怎么做才能避免迟到呢?""怎么做可以让我们的办公区一直整洁呢?""我们用什么思路才能达成下个月的业绩目标呢?"——这样问时,领导将得到改善的方法和新的可能性。

从这两组问句中,我们可以看出:首先,引导听者想未来"如何做",而不追究过去"为什么"会发生这类事情,更有利于问题的解决;其次,提出问题时用"我们"开头带有亲和感,不要用"你"将自己和对方对立起来,和提问者对抗的一方出于本能的自我保护,往往会找借口。

> **核心要点**
>
> 切换镜头式的"变焦表达法"主要有三种:
>
> 第一种,缩短焦距,实现以小见大。
>
> 第二种,拉长焦距,聚焦具体行为。
>
> 第三种,转移焦点,提升表达效果。
>
> 如果我们能灵活运用这三种变焦方法,升华我们的表述,就基本能引导听者顺着我们的思路思考,并做出我们期待中的决策,达到预期的表达效果。

寓庄于谐表达法：
真话不全说，假话绝不说

寓庄于谐的话并非没有实际内容的话，也并非只适用于私人场合。一些大型企业、事业单位的对外发言人或谈判者通常需要参加沟通技巧培训才能上岗，其中让话语变得婉转且幽默是重要的培训内容。

除了让话语保持幽默感外，这种方法还有什么作用呢？

第一，避免暴露内部秘密。公开性是"寓庄于谐表达法"适用的前提，如果听者中有人跟我们处于对立竞争的关系，发表讲话或回答问题时，我们就需要适度掩饰实情。

第二，保护自身利益。要按照更符合自身利益的原则重新组织回答内容，不能落入提问方预设的、有损于己方利益的圈套中。

第三，维持关系的长久性。避免把话说绝、说满，必须留有一定余地和空间。因为任何关系都是动态变化的，没有永久的朋友，也没有永久的敌人，我们需要为结成联盟、建立合作关系保留可能性。

"寓庄于谐表达法"的两字要诀

在日常工作与生活中，"寓庄于谐表达法"是非常有价值的。要想灵活使用这种方法，需要掌握两字要诀：第一个字是"绕"，第二个字是"顺"。

1. 绕

用这种方法时，要注意两个关键点：

第一，要围"绕"着提问者的某个关键词回答，可以跑题但不要"跑词"。

第二，要"绕"开对方给你设置的圈套和陷阱，要尽量使用中性词，不伤及无辜。

我们来看一个有意思的例子：

一位想换手机的员工，手头资金紧张，便在办公室问经理："咱们的项目奖金什么时候发？"项目组的其他同事听见这个问题，也都竖起了耳朵，都想知道答案。

许多经理面临这种情况时会说："暂时无可奉告！"

反应快的经理会回答："到账你就知道了。"

真正懂得寓庄于谐的经理会笑着回答："阳光最灿烂的那天就发奖金。"

在场的同事们听了前面两种答案后，肯定没什么好心情。但如果同事们听到的是第三种答案，难免都会会心一笑。是呀！无论发奖金那天的天气是晴空万里，还是阴雨连绵，同事们的心情都会如阳光一般灿烂。

2. 顺

用这种方法时，也需要注意两个关键点：

第一，真话不全说，假话绝不说。

第二，顺藤摸瓜，寻找问题的突破口。

我们来举一个在职场上应用这种方法的案例：

小菲是我合作公司中的一位优秀主持人。小菲负责主持我的一场线下培训课程时，承办方递上来一张纸条，请小菲帮忙念一下。小菲念道：

"请张茜（qiàn）先生14点半前将1202的房卡退给承办方。"没有人做出反应，小菲又念了一遍。

突然，有位女士站起身来说："小菲老师您读错了，那个字读xī，我叫张茜（xī），是一位女士。"现场有200多位企业家，场面顿时有些尴尬。

但小菲并没有直接道歉，而是从容地邀请张茜女士上台来做自我介绍。

张茜女士自我介绍完之后，小菲问大家："大家知道这位女士叫什么了吗？"

两百多位企业家齐声回答："张茜！"

小菲又问："张茜是做什么的？"

坐在下面的企业家再次异口同声地答道："做皮箱订制的。"

小菲继续说："太棒了！每个错误背后都暗藏着机会，本来只有一小桌的10个人知道张茜，现在200多位企业家都知道了张茜，而且知道张茜是做皮箱订制的，惊人的效应啊，在我们这个现场中，张茜是唯一一位和瀚霆老师一样出名的人！"台下响起了热烈的掌声。

你看，主持人小菲正是"顺"着错误的藤，摸向了"机会"这个瓜，既化解了尴尬的问题，又为张茜做了品牌宣传，这件事也让我对这位年轻的主持人刮目相看。

"寓庄于谐表达法"有两字要诀——"绕"和"顺"。

用"绕"的方法时要注意两个关键点：第一，要围"绕"着提问者的某个关键词回答；第二，要"绕"开对方设置的陷阱或圈套。

用"顺"的方法时也要注意两个关键点：第一，真话不全说，但假话绝不说；第二，学会顺藤摸瓜，寻找问题的突破口。

三明治表达法：
批评时，如何对事不对人

工作中，当下属犯错时，领导用什么样的方式批评下属才能既达到批评的目的，又让下属服气呢？

首先需要明确的一点是，领导批评员工的目的是什么？

一般来说，批评分两种：第一种是情绪宣泄式的批评，这种批评是为了表达自己的情绪；第二种是建设性的批评，也就是从理智的角度出发，批评时会认真思考，并提出如何改善思想或行为的建设性意见。

第二种批评方式才是应该用在职场中的。因为批评并不是为了得罪或者赶走员工，而是通过指出错误，帮助员工纠正错误来培养员工。搞清楚这一点，大家也就了解批评的大致方向了。

那么，如何批评才能让挨批的人服气，并且愿意改变呢？

"三明治表达法"——"先扬后抑，再提期望"的表达方法可以为批评加分。也就是，先肯定，再批评，最后提出期望和建议。褒贬结合，用两层正面的内容，夹住批评，会让下属更好地接受领导的批评并做出改变。

"三明治表达法"的操作步骤

第一步，领导要先对员工之前的成绩给予肯定。如果他是新员工，或者他暂时还没做出什么可圈可点的成绩，领导也要先肯定下属在工作中展现出来的优点。

批评时，如果领导能适当在批评中加入一些提高下属自我认同感的话，不仅能在一定程度上消除员工的抵触心理，还能降低批评带来的消极怠工的概率。批评一些抗压能力不太好的下属时，先肯定其优点是必要的。

第二步，领导要用下属表现好时的状态和他现在的状态进行对比，针对下属让自己不满意的行为，就事论事地表达感受。

比如，领导可以清晰地说出，下属的哪些具体行为或结果令自己不满意，甚至很失望，并同时指出，这个行为或结果会给团队甚至整个公司造成什么影响，让下属在清楚自己的错误的同时也意识到错误会带来严重的后果和危害性。很多时候下属往往会因为自己的能力局限和认知局限，看不到自己犯的错对团队和集体的影响有多大。

第三步，领导要明确提出自己的期望和建议。一次有意义的批评，一定能让下属了解到自己的现状和领导对自己的期望之间的差距，并且能让他知道如何缩小这样的差距，达到领导期望的状态。

所以，在交流的最后，领导需要把自己的建议或者期望清晰地告诉下属，并适当附上鼓励。一方面，要让下属清楚自己接下来要努力的方向和要达到的标准；另一方面，要让下属认识现状与期望之间的差距。作为管理者，批评下属时要审慎，要说成就下属的话，领导要表示，他有能力达到理想的状态。

了解了批评的三个步骤后，我们来看一个职场中的例子：

最近，总经理发现，给大客户提供的 A 类产品的合格率下降得很厉害，于是，总经理就把生产部里负责这条生产线的小王叫进了办公室。总经理说：

"小王，以前你负责的产品的合格率能保持在98%以上，公司中的其他生产部负责人也一直以你为榜样。（这是第一步，先肯定以往的成绩。）

"但是近来大客户的三大单产品的合格率只有80%。这样的产品合格率会让这些客户抛弃我们。虽然这批客户目前贡献的销售额只占公司销售额的10%，但从他们的公司规模来看，未来半年，这个数字可能会增加到35%甚至50%。如果我们现在不维护好这批客户，两年后，公司的整体销售额可能就会少一半。我非常关注这一点。（这是第二步，清晰指出对方的行为结果，表达自己的感受，并用数据支持自己的话语。）

"所以，我希望你好好复盘一下，为什么你负责的这条生产线的产品合格率会这么低。同时，我希望你能把以前那种狠抓质量的精神找回来。相信凭你的能力，产品合格率一定能很快回到之前的水平。（这是第三步，说出期望，给予鼓励。）"

运用三明治表达方式不仅能做到有理有据，而且能让对方接受批评、做出改变。

批评沟通时的三个陷阱

另外，在运用"三明治表达法"进行批评时，需要特别注意三点。

1. 多讲事，少说人

在批评的过程中，要做到对事不对人。要重点描述事情本身，最好少用"你"字开头。

比如，领导发现下属提交的报告里出现严重错误，想要批评时，可以说："昨天的那篇报告里出现了好几个明显错误……"而不是说："你昨天提交的报告错误连篇……"

这样，领导才能让被批评的人感受到，令领导不满意的是他所做的事，领导的批评并不针对他这个人，从而避免触发他大脑里自我保护的开关，避免下属屏蔽领导的批评信息。

2. 要用证据支撑自己的话

在说明批评的理由或者指出不满的行为时，最好避免使用"总是""很多次""经常"这类词。而是要使用比较具体的信息作论据，来支撑自己的话。

比如，当下属提交给领导的文件格式频频出错时，领导不要只抛出一句："为什么你给我的文件格式总是错的？"而要说："在我收到的10份文件里，有6份文件的格式是错的，这让我觉得，你对这项工作的态度很敷衍。"

这样，领导才会让被批评的人感受到，领导的话有理有据，是客观的，而不是凭领导的主观感觉随意说出来的，受批评的人会对领导说的话感到服气，自然也就容易接受领导的批评，改正自身的问题。

3. 不翻旧账

在批评下属时，领导一定要时刻提醒自己，只说当下的事，不翻旧账。翻旧账属于前文中提及的情绪宣泄式的批评。

人都是要面子的，如果为了宣泄情绪而批评对方，就会不断触碰、挑战对方的忍耐底线，达不到预期的批评效果。

而且批评要及时。比如，领导一旦发现下属的哪些行为需要纠正，或者哪些工作的结果达不到标准，就要立刻和他沟通，这样既能避免由于负能量积少成多导致领导的情绪爆炸，又能降低下属日后掉进同一个坑的概率。

我在服务我的企业客户时发现了一个有意思的现象：其实，很多下属希望领导能够尽早指出他们的不足，最好在自己快"撞"上问题时能稍稍提醒一下，让他们可以及时避开错误，避免受到一些不必要的过激批评。

> **核心要点**
>
> 如果想通过批评培养下属、提升下属，用"三明治表达法"是比较合适的。
>
> "三明治表达法"的操作方法包括三个步骤：先肯定成绩，再指出不足或过错，最后表达期望和鼓励。

大脑说服表达法：
讲道理是最差的说服方式

美国神经学家保罗·麦克莱恩曾在 20 世纪 60 年代提出三重脑假说，认为人脑有三层：本能脑（爬虫脑）、情感脑（古哺乳动物脑）和理性脑（新哺乳动物脑）。

大脑的最外面一层是大脑的新皮层，被称为新哺乳动物脑，也叫"理性脑"，它掌管思考、逻辑、语言等理性活动的区域，这一层大脑的诞生让我们理解了这个世界是什么样的。比如说，某个事物是硬的，还是软的；是由分子构成的，还是由原子构成的；它为什么在某种环境下会出现某些变化，在其他环境下则不会出现变化；等等。

中间的那层是古哺乳动物脑，也叫"情感脑"，爱恨情仇、喜怒哀乐等都在这里，它控制人类的情绪反应。人类这一层大脑负责感知情感、意义、信念和价值。

最里面的那层是爬虫脑，也叫"本能脑"，这一层大脑已经进化了上亿年，它以速度取胜，掌管原始冲动，负责逃跑和战斗以及其他本能的生存动作，比如呼吸、心跳、繁衍、性爱等。

在这个理论假说的前提下，我们来思考一下，说服一个人时到底在说服什么？

答案是:"情感脑"或"本能脑"。

高手说服的套路

我们想打动一个人时,尽量不要针对他的"理性脑",因为效果最差的说服方式就是针对这一层大脑讲理论或者道理。打动一个人最有效的方式,就是与他的"情感脑"或"本能脑"进行对话。

我们来举个生活中的例子:

如果我们想说服一个人戒烟,就可以告诉他吸烟有害健康,列出一排数据,告诉他全球每年有800多万人的死亡与吸烟有关,吸烟的危害有多大;还可以把他带到一个因为吸烟得了肺癌的病人面前,把病人的肺部照片给他看看,引发他的焦虑和恐惧情绪,告诉他如果继续吸烟,过不了多久他的肺也会变成这样。

大家觉得哪种方式会更打动他?肯定是第二种,这种方法就是针对"情感脑"的。

还有一种方式,更能劝服他戒烟,就是说服更底层的"本能脑",比如拿出抽烟引致的阳痿的图片,或者邀请因吸烟而不孕不育的夫妻现身说法。之前在"细节表达法"里讲到,香港政府曾经只将烟盒上面的提示语从"吸烟有害健康"改成"吸烟可引致阳痿"就收获了很明显的效果。

从上面两个案例中我们可以看出,真正的高手都是直接与其他人的"情感脑"或"本能脑"进行对话的。

卓越的管理者不靠威压,而是用愿景、使命激发团队的斗志和梦想;聪明的营销人写出的广告语都会触及人的情绪、情感。

苹果公司的营销思路

有本书叫《从"为什么"开始：乔布斯让 Apple 红遍世界的黄金圈法则》，讲述了乔布斯的核心营销秘诀。有兴趣的话，大家可以找来读一读。书中对比了苹果电脑和其他品牌电脑的营销思维。

我们先来看看绝大多数公司营销电脑时采用的路数，它们的推广语一般是这样的：我们生产的电脑性能非常好，外观漂亮、界面精美、使用便利，想不想买一台？很多时候这样的话后面还会跟着一句：现在限时优惠200元，赶快行动吧。

再来看看苹果公司的乔布斯的营销思路："我们做的每一件事情，都是为了突破和创新，我们存在的价值是改变世界。我们坚信应该以不同的方式思考。我们挑战现状的方式是把我们的产品设计得十分精美、使用简单、界面友好。我们只是在这一过程中做出了最棒的电脑，想买一台吗？"

这两个广告传递的产品信息似乎是一样的，但是给人的感受却完全不同。为什么呢？前者告诉大家"我们做了什么，电脑有哪些功能"，是一种叫卖式的推销，试图打动人的"理性脑"，却激发了人的警惕心；后者告诉大家"我们为什么存在，为什么生产不一样的东西"，是一种传递信念和价值观的方式，有激励和吸引同样价值观群体的作用，打动的是人的"情感脑"。

客户买某家公司的产品，有两个原因：

第一，外在条件。比如，客户有刚需或者想要购买有优惠的产品时，如果别的商家多优惠300元，客户就会马上买他们的产品。

第二，价值观认同。比如忠实的苹果粉丝不会因为苹果公司的产品比其他公司的产品高出600元，就放弃自己对苹果公司的价值观认同，他们甚至可能为了第一时间拿到新款苹果手机，找黄牛党高价购买。价值观认同还有一个好处——会让人爱屋及乌。比如由于对价值观的认同，人们除了买苹果手机外，可能还会买苹果公司生产的笔记本电脑、平板电脑等。

个人或企业能够以"情感脑"思考问题，建立起正向的价值观和使命，就能形成影响力和说服力，获得他人的信任，与他人达成共识。当然，用自己的价值观影响他人的前提是践行自己传递的价值观，不能说得多、做得少，言行不一。

理性是情感的奴仆

我们来看一个有意思的创业故事：

一个美国小女孩因为被蜜蜂蜇了，对蜜蜂"恨"得牙痒痒。

她妈妈引导她说："宝贝，你不妨去研究下蜜蜂，看看它为什么会蜇你？它的生活习性是什么样的？"

小姑娘就上网搜索，仔细研究了一下，发现原来世界上三分之一的粮食作物都需要借助蜜蜂授粉。蜜蜂是人类非常重要的朋友，是很了不起的"英雄"。她还了解到因为气候变化、环境污染、农药滥用，蜜蜂的数量在全世界急剧下降。

小女孩就想："不行，我要拯救蜜蜂。"几经周折后，小女孩开始卖蜂蜜柠檬水，一方面她想呼吁大家拯救蜜蜂，另一方面她把卖蜂蜜柠檬水获得的 20% 的利润捐给当地的养蜂人协会，帮助他们维护蜂群。

猜猜后来怎么样了？

小女孩的蜂蜜柠檬水生意越做越大，人们都为她善良的初心感动不已，她的做法引起众多电视台乃至美国白宫的注意。小女孩用了两年缔造了年销售额千万美元的饮料品牌。

回到说服和打动的话题上来。我们来想一想，一般人会怎么卖蜂蜜柠檬水？

通常有三种形式：

第一种形式是叫卖式的,卖方会告诉大家自己的蜂蜜柠檬水好喝、健康,能排毒养颜。这也是最常见的产品卖点定位,主要从功能出发。

第二种形式是讲蜂蜜的来源,他们会说自己的蜂蜜柠檬水是来自大山的呼唤,是由农家自产的"土蜂蜜"制成的,这样的卖点就稍微高级点。

第三种形式是关注蜜蜂、柠檬、养蜂人等生态体系,甚至人类生存的危机。比如人们渐渐了解那个卖蜂蜜柠檬水的小女孩的创业初衷是"我要通过卖蜂蜜柠檬水来拯救蜜蜂,从而拯救我们的地球家园"。

我们可以很清晰地看出来,第一种叫卖形式是与人的"理性脑"对话的;第二种叫卖形式是在试图走进人的"情感脑",但效果一般;第三种叫卖形式是与人的"情感脑"和"本能脑"进行对话的。这是打动人、说服人最直接的方法,是我们需要学习的范例。

> **核心要点**
>
> 我们想打动一个人时,尽量不要针对他的"理性脑",因为效果最差的说服方式就是针对这一层大脑讲理论或者道理。打动一个人最有效的方式,就是与他的"情感脑"或"本能脑"进行对话。

小 结

不论在职场中沟通多么复杂,掌握了这十四个让我们"会说"的基础表达工具,就基本能自如应对了。总结起来,这十四个表达工具主要提高了我们表达的三种能力。

1. 精准表达的能力

帮助我们提升这个能力的方法有以下五个:

"结构表达法"——结论先行+归类分组+响亮收尾(即秀凤头+展猪肚+亮凤尾)。高效的表达都有这样简洁的结构,结构越清晰,表达越有力。

"限时表达法"——一方面要打磨出强有力的开头,比如精练的自我介绍,用金句或故事开场等;另一方面要提升表达时的时间感知力,精准地设计表达节奏,这样才能在有限的表达时间里爆发出最强的说服力。

"逻辑表达法"——顺着时间、空间或三角的逻辑顺序娓娓道来,只讲三点。当临时被推举出来讲话时,就可以运用"逻辑表达法"中的"三点法"打开思路,边讲边联想。

"细节表达法"——抓住一个经典的细节。一个精确的数字或者细腻的动词往往就能帮助我们收获意想不到的效果。

"事件表达法"——先讲坏事再讲好事；多件坏事一次性讲完；多件好事分开讲。用三种表达事件的方法，会帮助我们不仅言之有理，还"言之有序"。不同的表达顺序会让人们对事件有不同的体会。

2. 说服、打动的能力

我们主要讲了以下五个提升这种能力的工具：

"极简观点表达法"——增加工序，提炼观点；压缩字数，浓缩观点；用关键词精炼观点。通过突出观点的方法让表达出来的思想具有穿透力，让人对我们的观点"过耳不忘"。

"事出有因表达法"——把"为什么"放在首位。在"是什么""怎么做""为什么"中，"为什么"最有感染力，尤其作为根本原因的"为什么"最能点燃听者。所以要想说服、打动一个人，就要先说"为什么"。

"故事情境表达法"——讲述包括适当冲突、挫折的行动细节和颠覆常规的结局的企业故事和带有目标与考验、努力与挫败、贵人或意外，以及转折与结局的个人成长故事。我们都喜欢好故事，所以我们也要学会在企业文化建设中打磨故事，在个人成长中提炼故事。践行"故事情境表达法"要注重两个原则：体现真情和叙述场景。按这两个原则讲述的故事才具有真实性和代入感。

"变焦表达法"——通过焦点以及视野的变化引领听者的思考方向。这种表达法可以帮助我们以小见大或者聚焦具体行为。

"大脑说服表达"——说服人的"情感脑"或"本能脑"。根据保罗·麦克莱恩提出的三重脑假说，人脑分为"理性脑""情感脑"和"本能脑"。最有效的说服方式是打动"本能脑"，比较有说服效果的是打动"情感脑"，说服效果最差的就是针对"理性脑"不断讲道理。

3. 沟通、对话的能力

能够帮助我们提高沟通、对话的能力，与听者达成共识的工具包含以下四个：

"向上沟通表达法"——树立一种合作心态，把握两个沟通原则，学会四种沟通方式。也就是训练向上沟通能力时，先要树立合作的心态，同时注意主动沟通和支持老板，然后再把握四种向上沟通的方式：汇报工作时准备两个以上的方案；讨论工作时善于换位思考；用"要支持"代替"讲困难"；根据工作内容选择灵活的沟通方式。

"上推下切表达法"——对话是有方向性的：通过上推，找到分歧背后的共同动机，建立沟通的共识；通过下切，聚焦问题的关键，探索深层原因和解决问题的突破口；通过平移，探索更多的可能性，发现多种选择。

"寓庄于谐表达法"——"绕"或"顺"着表达。围"绕"着提问者的某个关键词展开，可以"绕"开对方的陷阱或圈套，化解敏感的问题；学会"顺"藤摸瓜，寻找问题的突破口，真话不全说，但假话绝不说。

"三明治表达法"——先肯定成绩，再指出不足以及当前情况与目标的差距，最后表达信任和鼓励。批评一个人的目的是帮助他成长，"三明治表达法"就是这样一种建设性的批评方法。

要在职场中"会说"，就要通过刻意训练掌握学习过的方法。工作与生活是有区别的，生活中能言善辩的人未必是一个在职场上说话有分量的人。反之，在生活中不善言辞的人，有可能在职场上成为一个重要角色。

想要驾驭这些沟通方法，在众人面前出色地表达，成为职场中的表达高手，必须要经过严格的训练，功夫没下到位，是绝对不可能实现这些期望的。所以，除了看书，大家还需要刻意地认真训练上面讲到的每个方法，让这些表达方法根植于身体里，融化在血液里，展现在嘴巴和面容上，变成大家习惯的一部分。

另外，从更宏大的职场场景或创业管理的角度来思考，大家不仅要掌握让我们"会说"的工具和方法，更要思考在一些特殊的表达场景中如何说，比如，商业洽谈时如何说；项目路演时如何说；在员工大型会议中和绩效面谈时如何说；等等。关于如何在这些特殊又关键的场合中说出影响力，让自己的话语转化成生产力，欢迎大家扫描下方的微信二维码跟我在线交流。

第二章

会听：

倾听对方说的话，
而不是听到了对方在说话

- 听别人讲话的人很多，但真正拥有倾听能力的人很少。"听"和"倾听"是有巨大差别的，"听"只是一个行为，有耳朵就能听。

- 但"倾听"包括了复杂的心理过程，包含了对所听到内容的领悟和消化。曾经，我一个朋友的孩子说了一句让很多父母感到震撼的话："我的同学会倾听我说的话，而我的父母只是听到了我在说话。"

- 倾听的本质其实是让我们的大脑高负荷运转，顺着表达者讲话的主线进入他的世界，理解他为什么"这么讲"。拥有这样的能力是很难的，必须刻意修炼。

阻碍我们倾听的三大类原因

先看一个生活中的场景:

一个中年男人上了一天班后拖着疲惫的身躯回到家,发现家里的两个孩子正在争一个橘子,男人应该怎么做?

让我们先来想象一下,男人的想法可能有这么几种:第一种,哥哥应该让着弟弟,因为弟弟年纪小;第二种,弟弟要学会让着哥哥,因为长幼有序,而且《三字经》里讲过"融四岁,能让梨";第三种,也是大多数人的第一反应,从中间掰开,一人一半。

这个疲惫的男人最终就是把橘子从中间分成了两半,分别给了两个孩子。

你一定觉得这很正常,一分为二对两个孩子都公平。

可是事实上,弟弟拿走他的一半,吃掉橘肉,把橘皮扔进了垃圾桶;而哥哥恰好相反,他扔掉了橘肉,留下了橘子皮。为什么呢?因为哥哥要做橘皮蛋糕。

我们来复盘一下这个场景,如果男子愿意倾听一下孩子们为什么争吵,让他们表达一下自己的想法,倾听他们的诉求,那么弟弟就可以吃到一整个橘子的橘肉,哥哥就可以获得一整个橘子的橘皮。看完这个场景,大家有没有一点儿惋惜?明明是可以圆满解决的事情,因为漏掉了倾听这个环节，就造成了浪费和不愉快。

我们每个人都有耳朵，都能听，但是把倾听放到判断、决策之前，是一种需要特别学习的修行。

"会听"是一项被低估的优秀能力，它和"会说"一样重要，只有既"会听"又"会说"，才能实现高效沟通。

如果我们兴致勃勃地与某个人谈论自己非常感兴趣的话题，而对方并没有真正地倾听，仅仅机械地应付我们几句，我们是否会觉得很受挫？但无奈的是，我们再去找其他人说同样的事情时，其他人可能也会是这样的反应。那我们就要想一想，在现代社会，人们倾听能力不好的原因是什么呢？我将其总结为三类：

第一类，沟通过程中存在信息损耗。

第二类，表达的欲望过强。

第三类，陷入倾听误区。

沟通过程中存在信息损耗

著名的"沟通漏斗"理论（见图1）告诉我们，当我们心里想的有100%时，嘴上能说出来的只有80%；别人能听到的有60%，能听明白的只有40%，最后能付诸行动的只有20%。

几年前，我录用了一个刚刚毕业的小伙子，这个小伙子的执行力很强，我每交代他一项任务，他都吭哧吭哧地很快就完成了。

某天，我将一个紧急的项目交给这个小伙子后，他表示理解了。

可临近截止日期，要交付方案的时候，我们却发现，他做出来的东西不过关，需要返工的部分非常多。尽管整个团队加了好几天的班，但方案仍然延迟了几天才交付。最终，小伙子因为犯了这个重大错误，没能度过试用期。

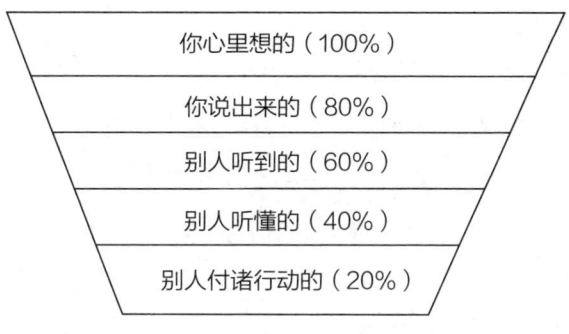

图1 "沟通漏斗"理论示意图

这个小伙子的问题究竟出在哪里?

后来我经过分析发现,小伙子正是因为在听取信息的时候太过自信,没有确认他听到的和理解的内容和领导想的是一致的,才犯了错。

大家想想,如果他能够在接到任务后,立刻跟同事和领导确认项目方案合格的标准是什么,截止日期是哪天,在做方案的过程中可能会遇到哪些困难,等等,或许他就能做出很好的方案,进一步得到领导的认可,也会为整个团队节省很多时间。

"沟通漏洞"理论给我们的启示是:想要"会说",要先"会听",提升"倾听"的能力。

表达欲过强

表达欲过强的表现有两种:

1. 总是把话题往自己身上引

对方还没讲完自己的事时,表达欲过强的人可能就开始讲自己类似的甚至更传奇的经历。这类人总忙于联想和表述自己那些激动人心的事,没有心思倾听和了解他人。

喜欢把话题往自己身上扯的人简直是职场闲谈的杀手。

想一想，如果某个人和他身边的同事说："我周末去爬山了，那里的风景特别美……"他还没说完，他身边的同事马上就插了一句："我之前去过××山，那里更美。"大家看，这位同事一下子就破坏了别人和他分享的欲望。

大家可别小看这些职场闲谈，它们恰恰是塑造良好团队氛围的催化剂，是维系成员之间情感的纽带，也是团队协作的润滑剂。

2. 喜欢扮演专家的角色，总抢着发表观点

表达欲强的人可能才听了别人说几句话，就开始在自己的脑子里搜寻自己认为正确的建议，这种表现在男人身上很常见。然而，我们在头脑里给别人开处方，试图说服他们时，就可能错过重要的信息。

抢着表达自己的观点这个行为在开会时最容易遇到。在轮流发言环节，正在发言的人还没说上几句话，有的人就开始在脑子里搜索各种反对意见，或者自己认为正确的建议，然后强行打断发言者，自顾自地说起来。

这种行为会强行扼杀他人的表达欲，错过发言者表达的重要信息，甚至会造成同事间不必要的冲突，还会让其他人觉得这样的人很霸道，缺乏同理心，而且影响团队日后的合作。

表达欲强、不善于倾听的人往往不明白真正的问题出在哪里，更不明白表达者真正的需求是什么。做销售或顾问的人表达欲过强是致命的。

陷入倾听误区

倾听误区有很多，许多听者都会陷入倾听误区，所以我们身边很少有真正的倾听者。我将倾听误区概括为两个：

1. 虚伪倾听

很多人会假装听别人的话。他们并非为了理解而听，而是为了满足自己的目的而听。比如，有些人想通过虚伪倾听，发现对方的弱点，以确保自己永远是对的；有些人想通过虚伪倾听，达到不得罪人、体现教养的目的。试想一下，如果我们在和客户沟通方案时，虚伪倾听，似懂非懂，会怎么样呢？轻则花时间重做方案，重则丢单，甚至直接被领导炒鱿鱼。

2. 选择性倾听

最明显的行为表现是，带着先入为主的偏见，也就是戴着有色眼镜听别人说话。在这样的行为状态下，听者听到的可能只是自己想听的内容，与听者的想法不相符的内容，就会被过滤掉了。

比如，一位管理者可能总和下属强调要多和自己讲真话。可是，当下属带着A、B两个方案找他讨论和决策的时候，他总强调B方案更好。其实从各方面综合评估，A方案更好，但由于他一开始就在心里选定了B方案，所以，无论下属如何据理力争，他都会坚持自己最开始的想法。

又比如，为了提高团队协作的效率，一位管理者让自己的团队成员提建议，可最终这位管理者并没有采纳团队成员的任何建议。原因是，这位管理者觉得自己的资历比员工深，而且觉得员工提出的流程太复杂，就没有认真听。

这些，都是选择性倾听的表现。如果我们也是这样的人，久而久之，别人就只会跟我们说我们"想听的话"，我们就无法得到一些有用的信息。这相当于堵"死"了我们的大部分信息渠道，我们会很难创造新的可能性，也很难取得什么进步。

倾听的真正内涵

听别人讲话的人很多，但真正拥有倾听能力的人很少。"听"和"倾听"是有巨大差别的，"听"只是一种行为，有耳朵就能听。但"倾听"包括了复杂的心理过程，包含了对所听到内容的领悟和消化。曾经，我一个朋友的孩子说了一句让很多父母感到震撼的话："我的同学会倾听我说的话，而我的父母只是听到了我在说话。"

倾听的本质其实是让我们的大脑高负荷运转，顺着表达者讲话的主线进入他的世界，理解他为什么"这么讲"。拥有这样的能力是很难的，必须刻意修炼。

在日常的工作生活中，每个人或浅或深地会陷入一些上面提到的倾听误区。毕竟，在倾听时，要全神贯注、克服"说"的冲动是需要很强的意志力的。没有人生下来就非常善于倾听。其实，一个人善于倾听，是因为他找了一些技巧和方法，通过不断练习，把"有效倾听"变成了自己的一种习惯，久而久之，他不仅能获得好人缘，还能提升自己的职场影响力。

身体同频倾听法：
用身体语言拉近双方的心理距离

人们都倾向于认为，沟通是语言交流的过程，实际上，绝大部分沟通都是非语言性的。

美国社会心理学家梅拉比安曾提出一个公式：有效沟通=7%文字意义+38%声音元素+55%身体语言。我们从这个公式中可以看出，沟通这件事，只有7%是关于文字内容（说了什么）的，剩下的93%都是非言语的部分。这个公式也被称作"梅拉比安沟通模型"，有效沟通中的手势、眼神、身体姿态等作为重要的身体语言，发挥了55%的作用；嗓门大小、语调高低、语速快慢等作为重要的声音元素，发挥了38%的作用。

这个理论会极大地帮助我们有效倾听。因为在职场沟通中，我们不仅可以通过解读身体语言更好地理解和接受信息，也能利用身体语言帮助你传递信息，变被动倾听为主动倾听。

"身体同频倾听"是指在对方说话时用开放、友好的姿态，通过模仿对方的动作，拉近彼此的距离，从而赢得对方的好感。即便是在谈判这种对抗性的情景中，我们也依然可以用"身体同频倾听法"来传递诚意，让对方放松下来，建立对我们的信任。

"身体同频倾听法"就是充分发挥身体语言在倾听中的作用，要求倾听者用整个身体来倾听，这种方法主要包含三个关键点：

第一，开放的身姿。

第二，同频的肢体动作。

第三，适度的目光交流。

开放的身姿

"开放的身姿"会表现出对沟通的期待、对说话者的欢迎，开放的身姿包含两个关键性的行为。

1. 正对说话者，身体前倾

这样的动作比倚靠或斜躺在椅子上好得多，会显得听者听得很投入。宝洁公司就要求员工在开会时只坐椅子的前二分之一，身体前倾。

2. 保持适宜、开放的距离

保持适宜的距离很重要，双方离得太远会妨碍交流，离得过近会让彼此有压力。人们在参加正式的社交活动或处理工作时，要与其他人保持1米至2米的距离，这样的距离有利于双方进行更清晰的语言交流，有充分的目光接触。

另外，在倾听时，我们一定要注意三个细节：不要紧抱双臂、不要跷二郎腿、不要抖腿。这些动作，可能有助于听者放松、思考，但是，在说话者看来，听者是在传递紧张、焦虑和不耐烦的情绪。

同频的身体动作

社会学家认为:"当人们的服饰、外貌、举止和言语都相似时,会自然地推论彼此拥有共同的社会背景和价值观,比较容易拉近距离。"也就是说,如果我们想要快速给人留下亲近可信的印象,模仿对方的肢体语言是最简单的方法。

为什么是"同频的身体动作",而不是同步的身体动作呢?

听者模仿说话者的所有身体动作会显得很夸张、很做作。如果客户在说话时双手交叉抱在胸前或者跷起二郎腿,销售人员也做出相同的动作,就会显得很不礼貌。但销售人员可以与客户同频,也就是将同样的身体动作的幅度缩小一半或者有选择地模仿,毕竟有些适合男性做的动作不适合女性做,反之亦然。

如果说话人双手交叉抱在胸前,我们可以双手交叉放在桌子上,或者双手交叉放在腹部。

如果对方跷起二郎腿,我们可以双脚交叉。

如果对方双手叉腰,我们可以尝试用一只手撑着腰。

模仿的时候要特别注意:对方做完动作后,过十秒再模仿,如果对方发觉自己被模仿了,反而会很愤怒。

不要小看这些细小的动作。我们要一边倾听,一边观察对方,一边将身体动作调整到与对方同频的状态。双方身体语言趋同会无形地拉近双方的心理距离,说话者会不由自主地跟听者分享更多、更精彩的内容。

这也印证了那句很流行的话——同频才能同流,同流才能交流。

适度的目光交流

眼睛是心灵的窗户,有效的目光接触可以向说话者表达听者的兴趣和乐意倾听的意愿。

古话说："眼中有乾坤。"经验丰富的说话者可以通过目光接触看出听者对他所说信息的接纳程度。反过来，好的听者可以通过目光交流走进说话者的内心，觉察说话者对自己传达的信息的笃定程度。

在进行适度的目光交流时，要注意两点：

第一，要用柔和的目光看说话者的眼睛，偶尔要让目光跟随对方的手势移动，然后回到说话者的眼睛里。要把握好尺度，有时过度的注视会导致对方尴尬和不舒服。

那些不敢或不习惯与他人的目光接触的人，要学会用眼睛来交流，可以从注视对方鼻子或额头开始练习，直到更好地掌握用目光交流的沟通方式。

第二，视线与说话者的视线保持在同一水平线上，尤其当对方是长辈或领导时。比如，一个人坐在椅子上，而另一个人坐在桌子边沿或者站着，就会影响沟通效果。跟年纪尚小的孩子说话时，一定要蹲下来，和孩子保持视线水平。

一个好的倾听者会通过灵活的肢体语言，与说话者的身体动作保持同频，和说话者建立联系。要在随和与严肃之间寻找一个平衡点，用随和、放松的肢体语言表达"跟你在一起，我感到轻松，我能够接纳你"，用适当紧张的肢体动作表达"我能意识到你跟我谈的内容的重要性，我在非常努力地理解你"的意思。把握好这两者之间的度，才能够使倾听更加高效。

> **核心要点**

"身体同频倾听法"要求倾听者用整个身体来倾听,包含三个关键点:

第一,开放的身姿。要做到正对说话者,身体前倾;保持适宜、开放的距离。

第二,同频的肢体动作。同频意味着可以将同样的身体动作缩小一半,也要有选择地模仿,还要注意延迟十秒再模仿。

第三,适度的目光交流。要敢于与对方的目光接触,也要与对方视线保持水平。

流动贡献倾听法：
用最简单的口头语言让沟通更顺畅

"流动贡献倾听法"和"身体同频倾听法"的作用一样，会让沟通更加顺畅。二者的不同之处在于，"身体同频倾听法"是帮助我们用身体语言来为沟通加分的；"流动贡献倾听法"是帮助我们用简单的口头语言促使沟通更顺畅地进行的。

我们都知道，一段令人愉悦的对话，必然是有来有往、循环流动的。大家可以想象一下：沟通时，如果说话者噼里啪啦说了半天，我们却总是没办法接住对方抛过来的话，并及时给出回应，那么这次沟通就可能变成单方面的"尬聊"。不仅说话者会觉得和我们聊天很没意思，我们自己也会挺尴尬。

"流动贡献倾听法"不仅能帮我们避免冷场情况出现，还能让说话者觉得和我们聊天很舒服，甚至会对我们有一种相见恨晚的感觉。这种方法中包含的三个技巧为说话者带来表达的动力：

第一，给说话者鼓励，与说话者形成简单的互动。

第二，有选择地重复说话者的话，让沟通更顺畅。

第三，提出促进沟通的简单问题。

给说话者鼓励

相信大家都听过相声，相声表演中有"逗哏"和"捧哏"。在倾听时，我们需要像"捧哏"一样，用简短的字词点缀整个谈话的过程。尤其在谈话开始的时候，我们可以通过频繁使用鼓励语给谈话带来动力。

比如一个简单的"嗯"字就是对说话者的鼓励，这个字意味着"我在认真听""我听到了""请继续"。再比如"是的""对啊""当然""没错""继续""的确""太好了"等都是常用的鼓励语。这些简单的鼓励语配合点头的动作，就会让我们与说话者之间形成互动。

即便不习惯使用鼓励性的语言，我们在倾听时也要提醒自己运用两三个鼓励性的词语来回应表达者。因为这样简短的鼓励不仅能让我们自己增强参与感，也会让说话者感到我们与他是同频的，这就是对沟通的简单贡献。

有选择地重复说话者的话

在倾听时，我们可以扮演"荧光笔"，找出说话者话语中的重点，然后重复这些话语。

这种方式不是为了美化对方，而是为了向说话者展示出我们认为最值得注意的事项或观点，并展开真正的沟通。把自己当作"荧光笔"，突显说话者话语中的重点，会表现出我们真心期望说话者表现出自己最好的一面。

我们来看一看某公司客服培训部负责人李军和下属艾伦之间的对话。

李军说："我想和你分享一下将客服培训部与产品部合并的想法。我认为，将这两个部门合并后，可以提升客服培训人员对产品的认知，也可以使我们更加深刻地认识到公司的产品是怎样被卖出去的，以及客户喜欢产品的哪些特质。这些对我们培训、指导代理商都很有帮助。"

艾伦重复道:"是的,这能提升我们对产品的认知!对培训代理商确实有帮助。"

李军继续说:"我非常支持两个部门的合并计划,希望你能配合我推动计划的实施。"

艾伦认同并重复说:"太好了!我将全力配合推动合并计划的实施。"

在这段对话中,作为倾听者的下属艾伦就很好地充当了"荧光笔"的角色,重复了上司话语中的重点,一定程度上促进了沟通的进行。

如果我们不知道怎么回应说话者发出的疑问,或者对说话者所谈论的话题很陌生时,我们就要学会重复说话者的最后一句话。

比如,你到你的客户李总家里拜访,李总正聚精会神地把玩着手里的瓷花瓶,可是你对瓷器一窍不通。

李总看到你没有打招呼,只说了一句:"这个花瓶真绝了。"你要说点什么作为回应呢?其实,与其搜肠刮肚地找话应付,还不如只回答他:"对啊,真绝了。"

这时,李总可能会接着说:"唉,现代人为什么就烧不出这么细腻的花瓶?"

如果你急于掩饰自己的无知,或者想展现自己的见识和资源,就可能会回答:"有啊,我上次见过一个很多人都说不错的花瓶。"或者说:"我认识一位大师,他的手艺就很厉害。"这样的回答虽然让你表现了自己,但会让李总觉得被冒犯了,反而不好。当然,如果你很老实,也可能会直接说:"我不懂这方面的知识。"但这样的回答就让这个话题立马终结了。

其实,你只需要模仿李总的最后一句话,说:"确实,现在很少见到做工这么细腻的花瓶了。"

李总可能还会说:"我也不知道这是手艺的问题还是瓷窑的问题。"

这句话中似乎包含疑问语气,很多人面对这样的话时可能就会说"我觉得是手艺的问题"或者"我觉得是瓷窑的问题",其实不必,继续重复李总的话就可以了:"是啊,很难说清楚到底是手艺的问题还是瓷窑的问题。"放心,这样回答,就不需要担心在交流时冷场了。

重复表达者的最后一句话时,我们需要注意,只重复说话者想表达的意思,不要自己延伸得过多,因为如果我们并不了解说话者表述的话题领域,我们延展话题后,可能会接不住说话者接下来说的话。

提出促进沟通的简单问题

除了简单地鼓励、有选择地重复外,还需要在倾听时提出简单的问题。

倾听时,在不制造沟通障碍的前提下,适时提出一些简单的问题,会促进沟通顺利进行。

那么,作为倾听者,如何提出有利于沟通的问题?主要有三个方法:

第一,提出简单、开放的问题,给说话者充分的发挥空间,比如"还有呢?""比如说呢?""后来怎么发展的?""你对此有什么想法呢?"。尽量不要提只需回答"是"或"不是"的封闭性问题,提出这类问题容易把天聊死。要进行反馈性确认时,才提封闭性问题。

第二,每次只提一个问题,因为提两个以上问题会给说话者的思维增加负担。

第三,不越位,保持倾听者的角色,站在说话者的角度发问。

我们来看一个例子:

一个妻子给她的老公打电话,说:"老公,我刚刚把别人的宝马撞了。"

丈夫回应道:"车子的损坏程度如何?谁的过失?你给保险公司打电话,我给咱们的律师打电话。稍等一下,你知道保险公司的电话吗?没事,我马上把电话号码发给你。"

妻子说:"没有其他问题了吗?"

丈夫说:"没有了,这些足以解决问题了。"

妻子在电话那头大喊:"问题可以解决了吗?真的吗?看看吧,你只在乎这场事故,我的四根肋骨断了,正躺在医院里呢!"

在这个例子中,丈夫表现出了一些男人解决问题时的典型思维。丈夫作为倾听者,是很不合格的。虽然丈夫问的是"谁的过失?""车子的损坏如何?"等简单、开放的问题,但他违背了我们刚才提到的第二个原则和第三个原则,他一次性提了好几个问题,从倾听者越位成了滔滔不绝的说话者。不管倾听,还是表达,角色和身份对每个人来说都很重要,我们都需要建立自己的身份思维,不要越位。

另外,"流动贡献倾听法"要求我们尽量不要轻易打断别人的话,要让说话者充分表述。即便我们对说话者正在说的话有疑问或者持反对意见,也要等说话者将话说完或者停顿时,再简短地提出我们的疑问。有时,我们可能以为自己理解了,但实际上说话者的意思还尚未完整地阐述出来,此时,我们提出的问题很可能产生于误解,而且因为打断了对方的话,对方的意思还尚未表达完整,沟通也会无法继续下去。

> **核心要点**

"流动贡献倾听法"会帮助我们用最简单的口头语言促进沟通更顺畅地进行,其中包括三个具体的实操方法:

第一,给说话者鼓励,与说话者形成简单的互动。用"嗯""是的""对啊""当然""的确""太好了"等简单的鼓励语。

第二,有选择地重复说话者的话,让沟通更顺畅。有选择地重复对方的话语重点,必要时重复对方的最后一句话。

第三,提出促进沟通的简单问题。提问时要注意:提简单、开放的问题;每次只提一个问题;不越位、站在对方的角度提问。

复述反馈倾听法：
确认你理解的就是对方所传达的

"复述反馈"是在职场倾听他人说话的过程中必不可少的一个环节。

很多管理者都有这样的疑问："我在和下属沟通时，清晰、明确地表达了自己的意思，还着重强调了重点部分，对方也表示理解了我的意思，但为什么执行的时候就不顺利呢？"

为什么会这样呢？问题就在于，听者听到的和理解的并不是说话者表达的。解决这个问题的方法其实很简单，我们只需要做一件事：用复述性的反馈确认说话者想传递的信息，即使对方想表达的意思显而易见。即便我们认为自己理解了说话者的意思，也最好进行复述式的确认。

沟通是一种双方互动的行为，说话者在表达，听者没有给说话者任何反馈就是无效的沟通。交流时，信息接收者必须对说话者所说的观点、想法或者意见做出积极回应，让说话者了解自己的接受程度和看法，这就是反馈。

在职场中沟通时，不用反馈的形式做确认，就没有办法确保双方达成共识。

既然复述式的反馈如此重要，那么如何进行复述性的反馈呢？有两种方法：进行复述话语式的反馈或进行复述意思式的反馈。

直接确认：复述话语式的反馈

"直接确认"是最简洁、有效的反馈方式，大多数人都在不知不觉中使用过这种反馈方式。

比如，有人告诉你一个重要的电话号码，你在记录的时候，就可能会给对方复述一遍，以确保记录无误。

再比如，当路人帮你指路时，你也会给对方复述一下，确保自己没有听错。

但很多人在工作中并没有利用好这个有效的倾听方法。工作中的交流和沟通比记电话号码和道路信息复杂得多，我们往往会忽略这个简单而必要的确认流程。最要命的是，在工作中因为没有正确理解他人的话而做错事的后果，可能比走错路、记错号码严重得多。

几年前，一家酒店住了 13 位外地来的长期包房的客人，因为客人和服务员经常打交道，不久后，他们就很熟悉了。一天，一位客人找来服务员，让她替自己填一张清洗西服的洗衣单。服务员按自己领会的意思在洗衣单上填上了"湿洗"，然后将西服送到了洗衣房。

洗衣房的工作人员看到清洗要求时虽然很疑惑，但还是直接按洗衣单上的清洗要求，进行了湿洗。没想到，洗完之后，西服出现了破损，那位替客人填写洗衣单的服务员有点慌了，但她想，既然是客人要求湿洗的，就算出了问题，也不是自己的责任。

客人发现西服破损后，非常生气，要知道那套西服价值上万元，客人才穿过一次。于是，这位客人要求酒店赔偿。酒店负责人把服务员叫过来了解情况，服务员也感到很委屈，说自己是按照客人的意思填写的。

一听服务员的解释，客人更加生气了："西服要干洗这是常识，这么贵的西服，我怎么可能让你拿去湿洗？你自己听错了，还要把责任推到我身上。如果你们不赔我的损失，我们马上把房间退了，去别的酒店住。"

酒店负责人一听，立即向客人道歉，考虑到这么多客人是长住的，而且不能因为这件事损坏了酒店的名誉，所以尽管客人要求的赔偿金额超过了酒店规定的标准，但还是按客人的要求，进行了赔偿。当然，服务员也因为这件事情受到了处罚。

在这个案例中，假如服务员在客人提出送洗要求时，能多问一句"您说的送洗是送去干洗，还是湿洗"，而不是想当然地填写洗衣单，或许就不会出现这样的后果。

"直接确认"一遍，而不是按照自己以为的意思填写洗衣单，就不会发生这样的错误。

在平常接受领导布置的工作时，我们也常常会忘记做确认。

领导交给你一项工作，你认真记了下来并严格落实。一个星期以后，你交差时，却受到了领导批评。领导说："我当时怎么说的？你怎么听的？你做的这是什么？你做的和我交代的根本不是一回事……"

这种情况在工作中很常见，也许是你听错了或者没理解领导的意思，也许是领导说错了。但无论是因为什么，都无从追究了。

所以，工作时我们一定要养成"直接确认"的习惯。简单地回应"没问题""我知道了""收到了"等，在简单的对话中可能有效，但这不是有效的确认方式，因为这样的回应不包含信息的沟通。

我们在接受工作任务时，除了明确任务是什么，还要确认两个更关键的信息：任务的合格标准是什么？截止日期是什么时候？

有时候，"直接确认"要花的时间可能也就几秒钟，但它带来的效果却无法用时间估量。

意思确认：复述意思式的反馈

不同的人听到同样的信息可能会有不同的理解，所以进行意思反馈和确认很必要。

一位智者曾说:"我永远无法告诉你'你说了什么',只能告诉你'我听到了什么'。我必须用自己的语言复述你的话,来知晓哪些是我尚未听明白的,来保证我没有曲解你的意思。"正如这位智者所言,"意思反馈"是有效沟通的有力保障,同时它也可以帮我们避免因为理解错误或者表达模糊而产生误解。

比如,一提起"爱干净"这三个字,大家会想到什么?有的人可能觉得,每周拖一次地,就是爱干净了,但有的人觉得,每天拖一次地,才算爱干净。

如果要确保我们和说话者是同频的,就必须用自己的语言复述一遍说话者的话,来保证我们理解的和他说的意思是对等的。

比如,我们可以问:"你说的爱干净,是不是指每周都要拖一次地呀?"这样,就可以避免因为理解模糊或者理解错误而产生误解,从而保障沟通的有效性。

我们来看一个典型的职场中运用"意思确认"的案例:

一位销售经理责备一名推销员说:"你应该严肃对待你的工作。你跟我们乘坐的似乎不是同一条船!"

推销员说:"听起来,您好像认为我并不适合做这份工作。"

销售经理摆摆手说:"不,不是那样的。你适合这份工作,但你目前还有 20% 的销售指标没完成,所以我很担心。"

推销员继续说:"您说的是,您对我的工作能力是认同的,但我还有 20% 的销售指标没完成让您失望了。"

销售经理说:"是的。我今年的首要目标就是要让我们部门的每一位成员都能顺利完成预定的销售指标。你需要我帮你做些什么吗?"

推销员说:"问题出在了一位客户身上。您可以教教我,我该如何搞定这位客户吗?"

这位销售经理用含蓄的语言传达自己的不满,庆幸的是这位推销员不断地通过"意思确认"找到经理的话的真正意图。推销员如果没有跟销售经理进行"意思确认",只是根据常规的思路,将经理的话理解为"我不适合这份工作",就可能造成两种结果:一是推销员进入消极怠工模式,二是推销员选择辞职走人。这些都是双输的局面。

做好"意思确认",需要把握好以下两个点:

第一,抓住重点,进行言简意赅的反馈。

进行有效的"意思确认"只需要复述说话者话语的重点。反馈给说话者的语言要足够简洁,要学会压缩自己的语言,进行简明扼要的反馈。我们在提取重点时,可以留意三处:第一句话和最后一句话,反复提到和重复出现的词,"但是""然而""不过"等转折词后面的内容。

第二,善用引导语进行反馈。

"意思确认"不是重复表达者的话,而是将我们理解的意思用自己的语言表达出来。下面的这三个句子供大家反馈时灵活使用:

"你说的是_____,对吗?"

"听起来,你认为_____,是吗?"

"换个说法,你要表达的其实是_____,对不对?"

> **核心要点**
>
> "复述反馈倾听法"要求我们在复述式的反馈中把握说话者的意图,这种方法包含两个具体的操作方法:
>
> 第一,直接确认,复述话语式的反馈。在听领导布置工作时主要确认三点:工作任务是什么;任务的合格标准是什么;截止日期是什么时候。
>
> 第二,意思确认,复述意思式的反馈。倾听比较复杂的话时要注意两点:抓住重点,进行言简意赅的反馈;善用引导语进行反馈。

情感反馈倾听法：
共情才能让沟通继续下去

"情感反馈"是沟通中最容易被忽略但很有价值的一个行为。

喜爱"情感反馈"是人类的天性。比如你下班回家，你的小女儿给你倒来一杯水，然后眼睁睁地盯着你喝，你觉得她在等待什么呢？你以为她在等着你喝完后给你续杯？绝对不是。她等待的是你的表扬。

不仅孩子需要情感反馈，成年人也需要情感反馈。

比如，当你在朋友圈发了一张自拍后，你心里总会有点期待，会时不时地打开微信看看谁点赞了，谁评论了，还会等待下一个"赞"或者评论。可见人们对情感反馈是非常渴望的。

情感反馈常常在我们不知不觉中对我们产生影响。

游戏的声效带给孩子们的愉悦感会让孩子们激动不已，在游戏里获得的金币、各种装备，消灭敌人、过关升级带给孩子们的成就感让孩子们废寝忘食，这些都是情感反馈对孩子们的影响。

"人都是被反馈，尤其是带有情感性的反馈喂养出来的。"

然而，我们的社会文化要求我们压抑情感，"职场不相信眼泪"是职场人的格言。这使得很多职场人难以接收到他人的情感信号，更难以做出情感反馈。

处理不好消极情绪，特别是激烈冲突下的消极情绪，往往会给后续的工作埋下各种隐患。

一位怒气冲冲投诉的客户，可能让某位销售员损失500位潜在客户。

一位因为业绩不达标而忧心忡忡的同事，会影响整个团队的士气。

一位愤怒的合作方，可能就会堵死一家企业对外合作的一条通路。

……

听到这些，大家是不是头都大了呢？其实，如果我们能在沟通中使用一些合适的方法，针对对方表达出来的情感，进行适当反馈，这些在激烈冲突下产生的情绪反而会给我们带来新的机会。设身处地地回应同事或者客户的不满情绪是与他们建立信任的好时机。

所以，在职场沟通反馈中，我们需要在重视事实和观点反馈的基础上，注重情感的反馈，因为大多数人行动的最大动力都来自内心的情感。

情感反馈如此重要，那么在倾听过程中，如何进行有效的情感反馈呢？

第一，先处理心态，再处理事态。

第二，适当微笑、共鸣、共情。

先处理心态，再处理事态

人都有情绪，工作中的点滴令我们产生喜、怒、哀、乐，而这些情绪又会让我们做出不同的行为决策，继而引发不同的行为结果，如果行为结果是好的，当然谁都欢喜，但如果行为结果是破坏性的，就会伤害自己和他人。

经常会听到一些领导说，不要把情绪带到工作中，员工要先处理好心情，才能处理好工作中的事情。但现实情形是，很多情绪会直接出现在人与人的对话之中。当对话中出现情绪时，我们就要学会通过情感反馈，帮助对方了解他自己当前的情绪，理性地看待情绪的来源，进而将重点转移到问题的解决上。

举一个简单的例子：

上司说："你的表现让我很失望。我本来指望你们部门上个月的产出能够翻番。"

下属说："抱歉领导。上个月我们部门请病假的人很多，原料供给商的材料供应不到位。"

上司说："业绩没完成，抱歉有什么用？"

在这段对话中，两个人的表现就不是很理想，虽然下属道歉了，也解释了上个月业绩没完成的原因，但他并没有缓和上司的情绪。他的理性分析反而激发了上司的消极情绪，让两个人走向冲突和对立。

如果下属懂得情感反馈，就会先处理心情，再处理事情。下属可以说："您看起来很失望，您很看重工作效率，是吗？"这样的说法会让双方的谈话方向朝理性的一面转变，上司比较能够听进去下属说的话，双方谈话的重点也会转移到问题的解决上来。

处理心态时，我们要注意两点：

第一，保持冷静，时刻牢记谈话的目的。不要因为对方急，我们就急；因为对方激动，我们就激动。

假设你是一家电器专营店的店员，有个客户跑到你工作的店里来，说你售出的音响设备忽然坏了，给他们的活动造成了很大的损失，现在他要投诉你。

其实，你知道设备售出短时间内出现故障，99%是因为客人没有按照说明操作。你感觉很委屈，但此时店里还有不少客人。如果你立马反驳，即使你说的是事实，也会对店铺和品牌造成一定的影响，说不定还会让矛盾激化。

这时，你就要冷静思考沟通的目的了。首先，你要维护好公司的口碑，让其他客人知道，你所在店铺的售后服务是有保障的，销售人员的服务态度都是良好的；其次，你要解决这个用户的不满，以免因为信息的二次传播对店铺和品牌造成伤害。

按照这样的思路，你就可以很自然地先道个歉，安抚好客户的情绪，再向客户了解情况，找到为客户服务时可以改善、优化的地方。

第二，处理心态并不是安慰和同情，而是帮助对方先看见自己的情绪，然后逐步从情绪中走出来。

比如：

小李说："我本来可以把这个大单签下来的，结果又搞砸了，我真是个笨蛋！"

同事说："没有人是十全十美的，不要对自己太严格。"

小李说："我是不是不适合这个岗位呀？"

在这段对话中，同事虽然安抚了小李的情绪，但没有给小李提供有效的反馈，因为情绪源头的问题还没有解决。安慰和同情并不是有效的情感反馈，同事可以说："我看得出，你很懊恼，是因为你希望靠自己的能力，独立搞定这个客户，顺利签单，对吧？"得到肯定的回答后，他们的对话，就会转移到如何提升能力、顺利签单的话题上。

根据上面两个简单的例子，我们可以总结出一个常用的情感反馈句子：

"我能感受到，你很_____（情绪），这是因为你希望_____（想法），对吗？"

这样，我们在指出对方的情绪后，就可以把双方的注意力转移到如何解决问题上了。

不仅在职场上，情感反馈在生活中同样重要。一些家长在孩子考试成绩不理想时，常常喋喋不休地讲成绩多重要，不好好学习的孩子没出息；

一些女性在丈夫为了工作应酬晚回家时，满腹牢骚地讲自己带孩子多辛苦，丈夫应该承担什么样的责任，这些话也许有道理，但可能让对方陷入更加自责的情绪中，甚至让双方对立起来，如果他们能有意识地先处理心情，再处理事情，结果可能会完全不一样。

适当微笑，共鸣、共情

如果说"先处理心态，再处理事态"是相对动态的情感反馈方式，那么"适当微笑，共鸣、共情"就是一种相对静态的情感反馈方式。

人们都喜欢爱笑的人。微笑可以最大程度地缩短两个人之间的距离。微笑是沟通的润滑剂，在沟通中有奇效。

微笑是重要的催眠手段之一，人的潜意识对微笑没有抵抗力。我们在选照片发朋友圈时，会不自觉地选几张笑着的照片；去买明星的明信片时，也常常会选择那些带有笑容的照片；如果大家有机会听我的线下课，就会发现讲台上的我基本上满脸堆笑。一位加入瀚霆研习会的企业家说我"讲课讲得生动时，总笑得像一个孩子"。我一直认为，使世界变得灿烂的，除了阳光，就是微笑。

倾听他人说话时最忌讳的就是一脸严肃。通过微笑反馈，我们很容易和说话者建立共情关系，这是因为：

首先，微笑传递出友好与善良的信号，可以拉近彼此之间的距离，对于听者来说，微笑没有任何成本，却好处多多。

其次，微笑能让我们的外表更自信、迷人，为双方建立更多信赖感。

最后，微笑具有感染力，一方展现出的微笑不仅能让对方也笑起来，还能将友善和温暖传递给对方，为交谈创造和谐的基础。

微笑时，一定要掌握度。在交谈开始时，要淡淡地笑，真诚地笑，可以在笑的同时微微地点头，幅度要小。发自内心的笑容才是最真诚的，但如果之前没有笑的习惯,也可以刻意训练自己,与人交谈时时刻提醒自己要微笑待人,时间久了,笑就会变成一种习惯。

> **核心要点**
>
> 如果说前面所讲的"身体同频倾听法"要求我们用整个身体倾听,那么"情感反馈倾听法"就要求我们用心倾听。
>
> "情感反馈倾听法"中主要包含两个操作方法:
>
> 第一,先处理心态,再处理事态。我们可以先用一个句子指出对方的情绪,然后把双方的注意力转移到如何解决问题上:"我能感受到,你很 _____(情绪),这是因为你希望_____(想法),对吗?"
>
> 第二,适当微笑,共鸣、共情。微笑是两个人之间最短的距离。微笑是沟通的润滑剂,在沟通中有奇效。要在倾听时,保持微笑,并掌握好微笑的度。

弦外之音倾听法：
怎样洞悉言外之意

听懂"弦外之音"是倾听中的难点，也是职场人经常要做的事。

通俗点讲，弦外之音就是说话者的潜台词，是说话者话中的话，这样的话是职场表达中不可或缺的一部分。在许多管理者心里，弦外之音是一种交谈的智慧，这样的话，既不会伤人，也不会害己。但这种智慧难倒了很多直性子的职场人，尤其是初入职场的小白。

判断一个人是否"会听"的重要标准，就是能否听出弦外之音。职场沟通高手的厉害之处就在于，他们能捕捉到表面现象之下的事实，找到潜藏着的真实含义。交谈中，双方说的是什么，其实并不重要，重要的是在语言背后隐藏着什么含义。如果我们能够听懂别人的弦外之音，就抓住了与人对话的诀窍，也就抓住了跳出沟通困境的方法。

既然弦外之音如此重要，那么如何在倾听中把握弦外之音呢？

第一，通过话语的内容洞悉弦外之音。

第二，通过身体语言判断弦外之音。

第三，通过语气、语调变化判断弦外之音。

通过话语的内容洞悉弦外之音

我们先来看一个例子：

一天，你在加班时，上司过来问你："这么忙啊？"

你说："我想再加工一下报告。"

上司又问："那你们部门其他人呢？"

你说："他们的工作都完成了。"

上司说："努力，加油哦。"

如果你认为上司是在夸奖你，只是微笑着朝上司点点头，就证明你想得有些简单了。再深想一层，你就会发现，上司的真实意思可能是："别人都做完工作了，你怎么还没做完，是不够努力吧？那是应该加班，接着干吧。"

如果你能想到这层意思，就可以回复上司说："今天临时收到一组新的数据，对整个报告有一点影响，我想再完善一下，谢谢领导的鼓励。"这样的说法才能让上司了解到你真的不是因为工作时间内偷懒才加班的，还会让上司对你感到满意。

怎样才能洞悉谈话内容的弦外之音呢？对于职场新人来说，如果想要尽快破解这些弦外之音，就必须以更加积极的态度融入公司的文化中，多与上司、同事交流，尝试换位思考，体会说话者的心态和苦衷，要听懂事情的轻重缓急，听懂说话人真正的想法和意图，平时多观察说话人的性格和行为习惯，才能在交流中悟出言外之意。

1. 听懂事情的轻重缓急

在工作时，我们常常会在短时间内接到许多活，这时我们就要通过领导的反应，判断哪件事比较重要或者比较紧急，优先办理那件事。

比如，领导一到办公室，就将某项工作交代给你，或者频繁催促、询问某件事的进展，这样的工作就是又重要又紧急的工作。你必须把其他事情先放一放，打起精神，又快又好地完成这项工作。同时还要记得，一有新的进展，就要立即给领导反馈，确保事情的完成进度和最终完成情况符合领导的预期。

再比如，小王跟进一个重要的项目很久了，终于做到了最后一步——让领导批复项目的资源申请。可申请报告都提交好几天了，领导那里一直没动静。于是，他主动询问领导批复的进度。领导回了一句："这件事，等我有空再谈吧！"这个时候，小王就可以把有关这个项目的工作暂时放一放了。

"有空再谈"表示领导对这件事并不着急，其原因可能是项目在推进的过程中遇到了什么阻碍，也有可能是公司正在进行战略调整。这时，小王就可以暂时把重心放在其他项目上，也可以找个适当的时机和领导谈一谈，了解了解情况，避免因为自己的错误猜想造成损失。

2. 听懂说话人真正的想法和意图

首先，我们要听懂说话人对这件事是支持的，还是反对的；是看好的，还是担忧的。

比如，最近你想发起一个新的项目。但是领导对你说："小王啊，这个项目可以做，但之前好几个同事向总部提交申请时，总部都没有通过，要不你先放放？"

这个时候，你就不能一条路走到黑，觉得自己比别人都牛，认为其他同事没办法解决的问题，你可以搞定。因为领导已经很委婉地告诉你，总部不支持这件事，这也意味着做这个项目的风险很大。

除此之外，我们还可以观察说话人真正在意的点是什么。在沟通交流中，我们要多换位思考。只有真正地体会到说话者的诉求，才能更好地体会说话者的言外之意。

比如，最近领导交代给你一个比较重要的任务。你想了好几个非常全面的方案，但领导就是不满意。

这时，你就要静下心来好好想想，领导考虑的侧重点究竟是什么。比如，他追求稳妥，还是要求创新？他追求速度，还是认为质量更重要？然后，再结合他的话里重复出现的词，以及这些词出现的次数，就能大致把握能让他满意的思路了。

3. 平时要多观察说话人的性格和行为习惯

能做到这一点，才能更好地了解自己的工作要往哪个方向上做，然后把力气用在重要的事情上。

比方说，你的领导通常会将工作交代得非常清晰，但这次他在开会的时候，主动询问你对某件事的意见和想法，这就说明，他对这件事情可能还没有非常清晰的想法和思路，希望你能主动提出好方案，然后追着他要资源。这时，你就要尽可能进行全方位思考，把方案设计得更周全，甚至比领导想得更全面，以取得优良的工作成果。

相反，如果你的领导在会议上滔滔不绝地讲了一堆他对这个新项目的理念和想法，就说明他很可能已经思考了很久，是带着成熟的思路来和大家交流的。那么，你未来的工作很可能就是他在会议上说的内容。

通过身体语言判断弦外之音

前面我们提到过"梅拉比安沟通模型"，人们的有效沟通中，93%的信息都是非言语性的，其中有很大一部分是身体语言。所以，在倾听时，我们要有意学会解读表达者的身体语言。

我们可以在表达时轻易地选择词汇来制造假象，但无法用自己的肢体语言来掩饰内心的真实想法，也就是说，我们的嘴巴可能会说假话，但我们的身体往往是诚实的。在解读说话者的弦外之音时，留意对方的身体语言是很有必要的。

比如，我曾经听到过这样一段对话。总经理对董事长说："你看起来对我很失望，很愤怒。"董事长脸通红，将紧紧握着的拳头撑在桌面上，然后大声说："我很冷静。"但我们都可以感受到，这位董事长的身体动作比话语更有说服力。

人们很多时候都会下意识地通过身体语言传递信息，比如：

想要独处或自我保护时可能会双手交叉。

做决定时可能会摸下巴。

不相信时可能会扬起眉毛。

困惑迷茫时可能会摸摸鼻子。

表达"我不在乎"时可能会耸耸肩膀。

表现亲密时可能会用眼睛放电。

不耐烦时可能会用手指敲敲桌子。

……

身体比嘴会说话，身体语言比口头语言更可信。解读身体语言，是倾听弦外之音的重要环节。

通过语气、语调变化判断弦外之音

能判断出弦外之音的倾听者能理解的远不止说话者的话语和身体语言，对方的语速、抑扬顿挫、语气，以及其他非常微妙的声音变化，都在传递着信息。

一位沟通大师曾问："如果我不听表达者所说的词语、句子，只注意他的声音、语气，我可以听到什么呢？"

几乎每个人都可以通过语气的不同，辨别意思的差异，这是最基本的能力。

比如,"领导布置了一个任务"这句话用不同的语气说出来,会呈现出截然不同的意思。这句含糊的话语,可能意味着领导布置了一项艰巨的任务,也可能意味着领导布置了一项好差事。

又比如,如果一个人用颤抖的声音说"我辞职了",可能表示他很伤心,或对辞职感到恐慌;如果他用活泼、快节奏的声音说出这句话,可能表示他非常高兴。

语速快、声调高、声音富于变化,一般意味着喜悦、兴奋、着急等。

语速慢、声调低沉、声音拉长,一般意味着厌烦、抑郁、不自信等。

有人认为能听懂弦外之音、会察言观色,就是阿谀奉承、欺上媚下,其实不然。工作中难免遇到阿谀奉承、欺上媚下的人,他们最会听弦外之音,但他们的问题在于价值观不正确,通过听弦外之音来理解他人的思想这个方法本身没有错。

在推测说话者的弦外之音时,不要想得过多,莫把对方的无心之言也听成弦外之音。这种"言者无心,听者有意"的现象不利于双方的沟通。想要听懂"弦外之音",就要察言观色,从对方说话的本意着手,进行分析。在沟通的过程中,只要我们做个有心人,就能从对方的只言片语中察觉到对方的真实用意。用心揣摩对我们提高沟通的效率是很有帮助的。

核心要点

在交流的过程中,对方说了什么不是最关键的,最关键的是话语中包含的弦外之音。我们一共提到了三个解读弦外之音的角度:

第一,通过话语的内容洞悉弦外之音。

第二,通过身体语言判断弦外之音。

第三,通过语气、语调变化判断弦外之音。

小 结

倾听不仅包含简单的听,也包含了对所听到内容的领悟和消化。有效倾听需要全身心地投入、关注,与说话者进行互动。我们在"会听"这一章中学习了五个深入倾听的工具,它们会帮助大家完整地修炼沟通能力。

"身体同频倾听法"——用身体语言传达回应的信号,保证交流双方处在同一频道上。我们可以利用开放的身姿、同频的身体动作、适度的目光交流,用整个身体倾听。

"流动贡献倾听法"——用简单的口头语言促使沟通更顺畅地进行。倾听者主要从三个角度为沟通带来贡献:简单互动,用鼓励语给说话者继续说下去的动力;有选择地重复说话者的话语,让沟通更顺畅;提出简单的问题。

"复述反馈倾听法"——复述说话者的话语或者意思,保证我们所理解的,就是对方所传达的。在交流的过程中,用言简意赅的语言及时复述,在复述式的反馈中确认说话者的意图,把握其表达的重点。

"情感反馈倾听法"——先处理心态,再处理事态;适当微笑、共鸣、共情。人行动的最大动力来源于内心的情感,有效的情感反馈会促成高效的沟通。

"弦外之音倾听法"——辨别出说话者的潜台词。这就要求我们通过说话者的话语洞悉话外音,通过肢体语言判断弦外之音,通过语气、语调变化判断潜台词。

我们的大脑高负荷运转,顺着说话人的内容进入他的世界,理解他的真正意图,才能让"听"转化为"倾听",再变为"高效倾听"。修炼"听"和修炼"说"一样,需要我们不断地刻意练习,把倾听变成一种习惯。

作为企业经营管理顾问,我对"听"的研究还深入到了商业洞察的维度,如果大家需要商业策略和企业决策方面的帮助,比如想学会听出具体商务场景中客户的真实需求和话语背后的动机,想通过"听"做好市场调研和客户画像等,欢迎大家扫描下方微信二维码跟我在线交流。我总结出了一个描绘客户画像的实用工具,会帮助大家解决相关问题。

微信号:HTFFL-5F

第三章

会想：
快速看透问题的本质，
轻松应对工作中的难题

◎ 思考的深度，决定人生的高度！

◎ "不要用战术上的勤奋，掩盖战略上的懒惰。"这句话的意思就是：不要用做事的勤奋，掩盖思想上的懒惰。

◎ "会想"要求我们有深度思考的能力，也就是分析问题、思索解决方法的能力。优秀的思考能力并不是上帝给少数人的特权，没有学会深度思考也不是因为我们不努力，而是因为我们还没有掌握系统的思考方法。就好像每个人都知道健身能练出肌肉，但不是每个去健身房锻炼的人都能练出好看的肌肉线条一样，足够的学习意愿与合适的思考方法、刻意的训练相结合，才能让我们成为深度思考的高手。

"想"到位了,就会事半功倍

"会想"要求我们有深度思考的能力,也就是分析问题、思索解决方法的能力。

"会想"对于职场人来说意味着什么?我们先来看三个例子:

小张是国内某重点高校的毕业生,在校成绩一直很优秀,可在毕业招聘会上,她碰了不少钉子。她顺利通过了好几家公司的笔试,但一到复试"群面"时就出问题。小组里总有人能快速冒尖,三言两语地点出问题的根本,第一时间被录取。但小张根本无法那么快速地分析问题,她非常苦恼。

小刘就职于一家集团公司的客服部,兢兢业业地干了六年。几个部门一起开会总是让他感到很疲惫,大家众说纷纭,公说公有理,婆说婆有理,这让小刘总也把握不住问题的关键。但两个月前的一次会让他印象深刻。隔壁部门新来的小伙子在会上一直默不作声,却在会议快要结束的时候,扔出了一个漂亮的方案框架。两个月后,小伙子顺利进入了核心产品部,那是小刘一直渴望进入的部门。

小李在一家创业公司做运营,他一直想进入BAT。平日里,小李花了不少钱买运营课程,也混进了好几个运营高手社群,但是每次他在面试中做分享时,都因为表达不深刻而错失机会。小李感叹:"特别羡慕那些思想有深度、总结能力强的人,但我实在不知道怎么提升这方面的能力。"

我们从这三个例子中可以看出,"会想"对职场人至少有三大好处:

首先,会分析问题,会把握问题本质。小张无法抓住"群面"机会,就是因为在这一点上存在劣势。

其次,能找到方法,也就是具有抓住关键、思索解决方法的能力。小刘羡慕的新同事,正是具备这种能力。

最后,能说清楚事情。思考得深入,才能说得精彩。第一章里系统阐述的"会说"即与这种能力有关。小李频频错过进入 BAT 的机会,就是因为这方面的能力不足。

"会想"比勤奋更重要

有句很经典的话:"不要用战术上的勤奋,掩盖战略上的懒惰。"这句话的意思就是:不要用做事的勤奋,掩盖思想上的懒惰。

商场如战场,对于身处商业社会的职场人来说,深度思考比勤奋做事更重要!

好多年以前,我的一个朋友开了一家英语培训公司,公司里电话销售部门员工的业绩差距非常大。为了提高公司的整体业绩,管理层决定:一定要找到问题的根源。

一开始管理层认为,有的员工业绩一般,肯定是因为他们电话打得不够多,工作不够勤奋。但是,在统计电话录音后发现,那些业绩一般的销售员,每天打的电话并不少,有的甚至比业绩优秀的销售员打的电话还多。那他们的业绩为什么一直上不来呢?

于是,管理层开始观察,业绩一般的销售员和业绩优秀的销售员都是怎样打电话的。一周后,他们发现,差距在于是否有效利用了客户名单。

同样一份客户名单,普通销售员只照着名单机械地逐一拨打电话,并按照公司提供的话术从早打到晚。当业绩不好时，他们就只会抱怨公司提供的名单不好。慢慢地，这些人养成了做一天和尚撞一天钟的心态。

而优秀的销售员，虽然也在按照名单打电话，但是，每天打完电话后，还会多做一步。他们将当天联系过的客户分类，针对成交可能性大的潜在客户，精心设计话术、持续跟进。随着沟通的针对性越来越强，沟通的效果越来越好，成交率自然会提高。

而且，为了不完全依赖公司的名单，优秀的销售员还会自己想办法开拓新渠道。他们会服务好已成交的客户，并从他们那里获取成交率更高的新客户资源。

你看，不会深度思考的人做事效率往往很低，容易陷入一种瞎忙但没有产出的状态。埋头苦干固然重要，但苦干之前的深度思考更重要！只有想清楚了，做起事来才能更顺利、更高效！

"会想"助你抓住关键机会

除了不让自己成为一个低效的勤奋者之外，拥有深度思考的能力，还能帮助你在关键时刻把握好机会。

职场里那些很会解决问题的牛人，那些能用三言两语点出问题本质的人，不一定比其他人聪明，但他们比较"会想"。

20世纪90年代，我选择"下海"，加入"南下"大军，到一家外资企业应聘销售管理工作。当时竞争者有200人，我是唯一被聘用的人，取胜的关键是对一个问题的回答。

经过初试的筛选，200人中只有30人进入复试。复试时，30人同时参与群面，负责复试的公司副总裁问："目前国内有几种销售模式？"

很快，就有不少人抢着回答，像背书一样把销售模式一一列举出来，并配以详细说明，有些人还讲起了各种销售技巧，当时的场面比辩论赛还热闹，主持人不得不数次提醒各位注意时间，最后直接打断了大家的发言，结束了面试。

在这一过程中，我没有急着站出来抢答，而是很认真地想了一遍又一遍。

首先，我思考了一下面试官提问的关键和目的。我应聘的是销售管理岗位，除了表达能力外，捕捉关键信息、深度思考对策、针对客户需求提出解决方案的能力更重要。经过认真揣摩，我在面试官提出的问题中捕捉到"几种"这个关键词，进而想到，他是想了解应聘者对销售这个职业或者这个职业职能的理解宽度。其实在那么短的时间内，我们是无法详细介绍各个销售模式的，如果执意要介绍，可能会适得其反，所以，我只需要回答有哪几种模式，不需要展开介绍每种模式是什么。

其次，我又想了想如何梳理自己的答案，形成自己的框架。知识点是大家都知道的，国内的销售模式就那么5种，面试官又是科班出身的教授，如果像背书一样机械地回答，肯定没戏！我必须有一套属于自己的框架，既能包括所有正确答案，又能答出特色。

最后，我想的是要怎么表达才能一开口就让面试官眼前一亮。

仔细思考后，我决定"化五为三"。我是这样回答的："国内的销售模式有三种，分别是直接销售、间接销售与合作销售。直接销售模式就是厂商生产的产品直接卖给顾客；间接销售模式包括经销商销售和代理商销售两种；合作销售模式包括联合销售和租用销售两种。"

在发言的过程中，面试官的眼神已经告诉我，我被录用了。你看，想到位了，就会事半功倍，我们的话就会说到点子上！

在刻意训练中提高想的能力

工作中，我们常常会发现，有的同事做几十页PPT都没讲清楚某件事情，而领导一句话就能说出他的话的核心是什么。

拿到某项任务时，有的同事很快就能把它拆解成几个部分，一一突破，有的人可能弄了两三天依然一头雾水，他们之间出现差别源于智商有差异、努力程度不同吗？

当然不是，他们之间的差别在于思考能力。优秀的思考能力并不是上帝给少数人的特权，没有学会深度思考也不是因为我们不努力，而是因为我们还没有掌握系统的思考方法。就好像每个人都知道健身能练出肌肉，但不是每个去健身房锻炼的人，都能练出好看的肌肉线条一样，足够的学习意愿与合适的思考方法、刻意的训练相结合，才能让我们成为深度思考的高手。

作为一名企业经营管理顾问，我每天都在做深度思考。我要思考客户提出的各种经营管理难题背后的根源，思考如何快速、有效地解决这些难题，思考如何做出有效的决策……接下来我就用最简单的逻辑、最易懂的语言和大家分享一下我自己在工作过程中使用过的思考方法。

要因复盘法：
为什么你一辈子都在用第一年的经验，毫无进步

老话说"在哪里跌倒，就在哪里爬起来"，但是，在日常工作中往往事与愿违。很多人在一个地方跌倒了以后，还会在同一个地方再次跌倒。

做文案工作的人发现自己写错了某个字后，会立刻改正，可是不久后他可能在下一次写文案时又出于同样的原因写错了字。

很多创业者懵懵懂懂地开始了第一次创业，然后很快就失败了。他们不服输，开始了第二次、第三次创业，屡战屡败，屡败屡战，就是不知道问题出在哪里。

还有的人，做一项工作几年或十几年后，表面上看起来经验丰富，其实一辈子都在用第一年的工作经验，毫无进步可言。

为什么会出现这些情况呢？关键就在于，他们不懂得如何通过反思，找出问题的根本原因。

"要因复盘思考法"就是抓住问题根本原因的思考方法，其中包含两个关键词——要因和复盘。

要因：追问为什么

要因就是首要因素，是出现某一问题的根本原因。要解决问题，就要找到要因。

在企业经营管理领域，流传着一个经典的"五问"故事，故事的主角是某汽车公司副社长。他在巡视一个工厂的车间时，发现有一台机器停止运转了，于是叫来维修工人。工人更换了一根保险丝后，机器就恢复运行了。一般人会认为，问题已经解决了，殊不知，这才只是开始，接下来发生的事才是重头戏。

我们来看看这位副社长是怎么做的。

副社长问："机器为什么停了？"

负责维修的工人回答说："机器超负荷运转，导致保险丝断了。"

副社长接着问："那为什么机器会超负荷运转呢？"

"因为机器轴承的润滑度不足。"

副社长继续问："为什么轴承的润滑度不足？"

"因为机器的润滑泵失灵了。"

副社长接着再问："为什么润滑泵会失灵呢？"

"因为润滑泵的轮轴磨损，吸不上来润滑油。"

副社长又问："为什么润滑泵的轮轴会磨损呢？"

维修工人检修了一下说："因为有很多杂质从机器的上半部分掉下来，导致润滑泵的轮轴磨损严重。"

那么，我们一起来想想，这个问题最终的解决方案是什么？非常简单，在机器中装一个滤网，每年定期清理一次。这个办法不仅大幅度提升了机器寿命，而且保险丝也很少再断了。可见，找到要因的好处就是能从根本上解决问题。

按照一般人的思维，机器的保险丝断了，换根保险丝就好了；而这家汽车公司的副社长通过问五个"为什么",追根溯源,找到要因,从根本上解决了这个看似简单实则影响广泛的问题。

在这个故事中,我们可以看出,找要因的方法其实很简单,就是用"为什么"来建立一个通向根本原因的关系链。沿着因果路径,逐一提问,先问第一个"为什么",获得答案后,再问第二个"为什么",一点一点地挖掘出问题出现的真正原因。

有时我们可能只需要问一次,有时我们可能需要问十次,次数是没有限定的,但原则是不变的,那就是"打破砂锅问到底"。

那问到什么程度算是问到底了呢?

比如,你要找到今天的工作任务没有完成的原因。

首先就要问自己一个问题:"今天为什么没完成工作任务?"想一想是因为今天要完成的工作任务太多,还是自己的工作效率太低。

假设你的答案是工作任务太多,那么就要接着问自己第二个问题:"为什么同岗位的人能完成呢?"(第二个问题千万不能是"为什么工作多呢",而应该是和自己的同伴对比,看看差距在哪里,否则你的问题就无解了。)

你的答案可能是:"因为别人使用了某种方法。"

这时,你就可以继续问自己:"那你为什么不用那种方法呢?"

你可能就会得出结论:"因为不会。"

问题问到这里就可以了,因为我们已经找出了问题的要因:因为不会某种工作方法,所以不能完成工作任务。反过来说,学会了方法,就能完成工作任务了。

所以,当我们回答出的原因可以被我们改变,并且改变这个原因之后,最初提出的问题可以解决时,就不必再往下问了;如果没有达到这个标准,就要继续找更深层次的原因。

我们觉得自己没必要继续提问时,可以问自己几个问题:"我找到问题的根本原因了吗?""我能通过处理这个原因,防止问题再发生吗?""如果我再问'为什么'会发现一个新问题吗?"

运用"追问为什么"这个方法时,要切记"提问不是质问,而是询问",否则提问就变成刁难,不利于工作的展开。

复盘:回头找经验

其实探寻要因的过程,就是总结、复盘的过程。

"复盘"这个词曾经仅是一个棋类术语,也叫"复局",指下完一盘棋,复演这盘棋,看看对局中双方的优劣和得失,思考自己在哪些方面可以改进。许多人都认为这个方法是增长棋力最重要的方法。所以,围棋棋手们的训练内容就是日复一日地下棋,复盘,下棋,复盘……

发展到今天,复盘已经成为我们在日常工作和生活中提升能力的重要方法了。比如说,就一件事发言后,做一次培训后,开展一次营销活动后,我们都可以进行一次复盘。

在脑海中重新演绎一遍做某件事的经过,通过回顾、研究和反思过去的思维和行为,发现问题、改进问题,从而提升个人或团队的能力,就是复盘的过程和意义。

复盘本身是一种回头看的行为,复盘就是为了未来做得更好,也就是向前看。当然,复盘也是有方法的,我们一起来看看"复盘四步骤":

第一步,回顾目标。回想当初做这件事的目的。

第二步,评估结果。看看在做这件事的过程中,哪些目标达成了,哪些目标没有达成。

第三步,分析原因。明确目标达成或没有达成的关键原因,多找找能够达成目标的客观原因,以及没有达成的目标的主观原因。

第四步,总结经验。这是最重要的一步,要避免再犯做这件事时犯的错误。

除了以上这四个步骤，在我们瀚霆团队里，我对个人的工作复盘还有两个要求：

第一，敢于自揭伤疤，要血淋淋地解剖自己。痛有多深，成长就有多大。

第二，抛开面子，不给自己留任何情面。一切用事实和结果说话，不针对结果的复盘都是隔靴搔痒。

正如柳传志先生所说："复盘很重要。想想做成一件事，有哪些是偶然因素，别以为是自己的本事。尤其是失败后，要血淋淋地解剖自己，不留任何情面地总结自己的不足。这样，你的能力自然会不断提高。"

> **核心要点**
>
> 无复盘，不成长。
>
> "要因复盘思考法"的两个关键词是要因和复盘。我们要通过追问为什么，找到问题的要因，从根源上解决问题；也要对过去做的事情进行复盘，总结经验。

结果倒推思考法：
站在未来倒推，细化行动路径

有终局思维，以结果为导向，是优秀职场人必备的素养。我们可以从心智层面找到两个原因来解释我们为什么要重视这一点：

第一，人对目标有天然的心理需求，因为人的基因中有对不确定性的恐惧，而目标能给人确定性。"一个人不是在为自己的目标奋斗，就是在为别人的梦想而努力。"人即便没有自己的目标，也会跟随着有目标的人。

第二，人脑有一种天生的本能，会无意识地看到、抓住自己希望得到的东西，比如，想要买一辆宝马车的人，会发现满大街都是宝马车。人一旦有了明确的目标，就会本能地看到、抓住与目标有关的信息，这些信息也会帮助人达成目标、创造绩效。

"结果倒推思考法"就是基于这两个原因，帮助我们看到未来、经营当下，明确目标，细化行动路径，更快更好地完成计划。

想象五年后的你

我们先来看一个故事。

1976年，19岁的美籍华人李恕权正在美国一家航空飞机实验室工作。

但其实，他的内心更向往音乐方面的工作，他几乎把在实验室以外的所有精力都投入到了音乐创作中，但他自己并不擅长作词。

一个周末，他擅长作词的搭档凡内芮邀请他一起吃烤肉。凡内芮知道他对音乐的追求，便问了他一个问题："五年之后，你希望自己在做什么，拥有什么样的生活？"

李恕权思考了一下，说：

"第一，五年后，我想要发行一张很受欢迎的唱片，得到很多人的肯定。

"第二，我要住在一个有很多世界一流音乐家的地方，每天和他们一起工作。"

凡内芮说："好，既然你确定了目标，我们就按照这个目标倒推。

"今年是第一年，如果你在第五年有一张唱片在市场上发行，那么，在第四年，你就一定要和一家唱片公司成功签约。

"在第三年，你就要有一张可以拿给各个唱片公司听的完整专辑。

"那么，在第二年，你就要准备好最棒的作品，并且开始录音。

"在第一年，你就要把所有要录的作品编好曲，并且排练好。

"在第一个月，你就要把手里的曲子写完，然后开始练习。

"在第一周，你就要列个清单，写下需要修饰的和需要完成的曲子。你看，你下周要做什么，一下子就清晰了。"

听完这番话，李恕权当天晚上就做了决定。

第二天，他就毅然辞去了那份令许多人羡慕的工作，搬到了洛杉矶。

五年后，李恕权的音乐火了，他的唱片开始在亚洲畅销起来，而且，和他一起工作的人也都是业内顶尖的高手。

后来，每当他困惑、迷惘的时候，都会静下来问自己："五年后，你最希望看到自己在做什么？"

故事结束了，你有什么感受呢？

其实，凡内芮帮他出主意的时候，用的就是"结果倒推思考法"，一种以期望的结果为基准，从远推到近的思考方法，这种方法会帮助我们想清楚，我们在每个阶段需要做什么事。

"结果倒推思考法"三步骤

在工作生活中，如何用好这个方法呢？

第一步，设定一个目标。

比如，在刚才那个例子里，李恕权的目标就是五年后要有一张受欢迎的唱片，要和世界一流的音乐家一起工作。

第二步，不断思考达成目标的前提条件，不断向下拆解。

比如，凡内芮根据李恕权第五年的目标，倒推出他第四年要完成的事情，又从他第四年的目标倒推出他第三年要完成的事，最终凡内芮推出了他下一周要完成的事。

拆解目标时要注意，在描述目标的过程中，一定要加入计划完成时间，以及明确的、具体的、可以衡量的结果。

比如在"就要有一张可以拿给各个唱片公司听的专辑"这句话中，"一张"就是明确的、具体的，"可以拿给各个唱片公司听的""完整"就是可以衡量的。

第三步，得出现阶段可以执行的任务。

在上面的例子中，凡内芮最终推出，李恕权下周的工作是列个清单，写下需要修饰的和需要完成的曲子。

"结果倒推思考法"并不能帮助我们制订一个绝对准确的计划，我们需要根据自己遇到的具体情况，调整计划，随机应变。

比如，假如第三年，音乐行业不景气，李恕权把专辑拿给各个唱片公司听的时候，碰了很多次壁。那么他就要考虑，是不是要再多给自己一些时间，用六年或者七年完成当初要在五年内完成的计划了。

完成这三步后，我们还要做一件重要的事情，就是通过反复推演，设计各种可能出现的情况，审视计划的可行性，进而改善计划的质量，提升目标达成的概率。

当然，这种方法除了可以用于思考人生目标或重大项目，还可以用于日常的管理工作。

比如HR在招聘时就可以用这种方法。每家公司的HR都有招聘目标。

一般的HR遇到"放鸽子"的情况会束手无策。但是，优秀的HR往往遇到这种情况也能在规定的时间内招聘到合适的候选人。他们是怎么做到的呢？

假设本月的招聘目标是入职10个人，优秀的HR会这样思考：

"如果以往面试者的入职率是10%，那么，就至少要约100个人来面试。

"一般情况下，邀约成功后，真正过来面试的人只有50%左右，所以，如果要保证有100个人来面试，就至少要邀约200个人。

"那么，如何找来这200个人呢？是找猎头公司帮忙，还是通过公司内部推荐寻找，还是在招聘网站上发布信息招聘？用哪种方法的效率会高一点？招聘预算要申请多少才合理？"

按照这样的倒推法想清楚，并认真执行后，HR就基本可以按时、保质地完成招聘目标，最大限度地避免各种突发状况的出现。不要小看这简单的一招，学会了这样的有效思考方法，才算真正地会想。

> **核心要点**
>
> 利用"结果倒推思考法"就是看到未来、经营当下,明确目标结果,细化行动路径,用好这个方法有三步:
>
> 第一,设定目标。
>
> 第二,不断思考达成目标的前提条件,然后向下拆解。
>
> 第三,得出现阶段可以执行的任务。

对标框架思考法：
给自己画成长地图

现代社会对职场人综合能力的要求越来越高。在工作中，我们常常会面临一些新的挑战，要求我们从零开始，快速地学会一项新技能，以解决新问题。

可是，很多职场人，尤其是已经工作了很多年的"老人"，在一个岗位待久了，就只想待在舒适区里，不愿花时间提高自己的专业技能，害怕学习新东西。

一方面，他们担心自己付出了时间、精力，却达不到预期的效果；另一方面，他们顾虑，如果自己花了心思，还没有别人学得快、学得好，会很没面子。时间一久，这些人的学习能力就逐渐退化了，面对新的机遇时，也没有能力抓住了。

"对标框架思考法"就能帮助我们在需要学习新知识、新技能时，快速上手；在机会来临时，能稳稳抓住，得到领导和同事的肯定。

具体操作时，要分三步：

第一步，对标。找到行业里最优秀的人或者高质量的信息渠道、作品，并设定目标。对标，就是找到合适的标杆，向标杆看齐，将其作为努力的方向。

第二步，提框架。拆解出能够助你获取成功的要素，也就是把标杆的优势要素逐项提炼出来，进一步明确要做出什么样的努力。

第三步，定指标。衡量自己目前的水平，然后，有针对性地将目标落实到具体行动上。

我们来看一个例子。

小白是学化学专业的。毕业后，她开始做化学检验工作。可过了几年，她发现，这个职业的天花板很低，自己就算熬几年升到主管，也很难让工资大幅度增加。于是，她再三考虑后，决定转行做平面设计。

都说隔行如隔山，但神奇的是，小白在这个自己曾经非常陌生的领域里，只用了半年时间，就在圈子里小有名气了。她是怎么做的呢？

首先，她将行业里最优秀的设计师和设计作品作为学习标杆。这就是"对标"。

接着，小白通过拆解与整合，提炼出了优秀设计师的必备素养以及优秀作品的特征，比如，优秀设计师要掌握构图和配色的知识，优秀作品要给人记忆点，等等。这就是"提框架"。

最后，在学习的过程中，她发现，要想成为一位优秀的设计师，就需要提升四个方面的技能。于是，结合这四个方面，小白给自己定了第一阶段的学习目标，并设定了相关指标。

起初，小白做一张令人满意的海报需要三天，而好的设计师用几个小时就可以完成一张优秀海报的设计。所以，她将自己第一阶段的目标定为一个月后用两天就能设计出一张优秀的海报。

小白购买了很多设计类的书，恶补配色知识。为了能把设计软件用得炉火纯青，她还报名参加了相关培训。她不断查漏补缺、认真练习，每个月都为自己设定新的目标。

就这样，小白一步步地朝着优秀、专业的设计师行列迈进。

发现了吗？先对标，再提框架，然后定指标，就像给自己画了张学习地图。我们用这样的方法时，就会知道自己走到了哪里，离目的地还有多远。无论我们想学习新的技能，还是突破目前的工作瓶颈，都可以拿着这张地图，快速找到方法，有针对性地提升自己的能力。

> **核心要点**
>
> "对标框架思考法"的三个关键步骤是：
>
> 第一步，对标。
>
> 第二步，提框架。
>
> 第三步，定指标。
>
> 希望这个方法能帮助大家快速掌握新知识、学会新技能。

要素排序思考法：
面对复杂任务时，如何抓住工作重心

面对复杂任务时，如何快速抓住重点，提高工作效率？

工作时，领导很可能突然抛给我们一个任务，比如，他告诉我们两周后，公司要办一场大型活动，或者要求我们在两天内要完成一份策划案……怎样能又快又好地完成这种临时出现且时间紧迫的任务呢？

这时就需要用到"要素排序思考法"了。这种方法会告诉我们如何在执行任务前，明确工作的轻重缓急，把握任务的关键点，在有限的时间内快而准地完成任务。

"要素排序思考法"就是指在做事前，先将每件事中包含的要素分成"必备要素""期望要素""魅力要素"和"无差别要素"四类。

第一类是"必备要素"，是指不能缺少的、不做不行的事情要素。有这类要素不会给事情的结果加分，但没有这类要素肯定会让事情的结果大打折扣。比如，我对来瀚霆公司应聘的顾问有一个绝对不变的要求，就是专业。如果应聘者的专业度不够，那我就只能表示遗憾了。没有足够专业度的顾问怎么能服务好客户呢？所以，专业就是我招聘时的"必备要素"，不可或缺。

第二类是"期望要素"。将这类事情要素准备好，就会给事情的结果

加分；如果将这类事情要素去掉，则会给事情的结果减分。假设你的主要工作是开发代理商，那么你的技术能力和写作能力就是"期望要素"，如果你没有这两种能力，你开发代理商的效率就会受到影响。

第三类是"魅力要素"。这类事情要素属于点睛之笔，如果有，会给事情大大加分，如果缺了，也不会对事情的完成度有太大影响。比如让人眼前一亮的设计风格和文案创意等就是"魅力要素"。

第四类是"无差别要素"。这类事情要素可有可无，是所谓的鸡肋。

活动策划的要素分析

如何在具体的工作中，运用"要素排序思考法"呢？请记住一句口诀：必要先行，期望随后，魅力跟上，无差别垫后。

比如，领导让你策划一场线下活动，你就可以按照这样的思路准备。

首先，罗列"必备要素"。你要先想一下，哪些要素是准备这场活动的过程中必须要考虑到的，然后一一罗列下来。

一般来说，确定活动主题、日期、举办地、到场嘉宾，准备活动物料与设备等都属于"必备要素"，是需要再三确认、保证无差错的事情要素，做不好这些就无法保证整场活动的效果。

比如，明天活动就要开始了，如果场地方突然告知，场地不能用了，需要临时更换，或者关键的嘉宾突然说到不了，那么活动就无法达到预想的效果，甚至不得不临时取消。

其次，设想"期望要素"。也就是要想一想，如果要把这场活动办得更好一点，还需要做哪些事。这类事情往往会直接影响活动的效果，需要策划人投入更多的精力，力求让这场活动的效果超过行业内的平均水平。

比如，要挑选出控场能力强、应变能力好的主持人。这样的主持人在遇到突发状况时，懂得灵活应对、巧妙圆场、活跃气氛，能够保证活动的效果。此外，还要设计活动流程，最好让每个环节之间环环相扣。

接下来，如果还有时间，可以思考一下"魅力要素"。想一想再做些什么能把活动办得出彩，可以增加哪些人无我有的创意，让这场活动有更多的记忆点，给观众带来惊喜。

最后，在"无差别要素"上，就不需要花费太多精力了。比如，在活动中，后台工作人员是穿帆布鞋，还是穿跑鞋，对活动效果几乎没什么影响，你也就不用特别关注这类事情要素了。

通过划分这四类要素，可以明确任务的主次，提升工作效率。

给职场竞争力要素排序

"要素排序思考法"不仅可以帮我们抓住工作重心，提升工作的投入产出比，还能让我们有针对性地突出和加强自己的核心能力，提升我们的职场竞争力。

比如，小王想去应聘某家公司的IT技术岗位。如果用"要素排序思考法"，他就可以这样思考：

首先，编程能力是应聘这个岗位的"必备要素"，毕竟，编程能力弱、写不好代码就无法承担工作职责。

其次，最好能在面试时表现出良好的沟通能力。程序员虽然不用像销售或者客服那样有出色的表达能力，但是在工作场合沟通时，如果能用三两句话就把事情讲清楚，快速与同事达成共识，就能减少和同事扯皮以及返工的次数。这种能力是加分项，属于"期望要素"。

再次，最好还能展示自己的全局观和其他技能，也就是"魅力要素"。虽然程序员的实力主要体现在编程方面，但如果小王能站在全局的高度，看待自己的岗位，优化自己的工作，或者，如果除了埋头敲代码，小王还懂一些运营推广，那么，一起工作的同事一定会觉得"这个家伙是个宝藏"。毕竟，很少有技术人员这么全能。

最后，距离这个岗位比较远的一些"无差别要素"，比如商务拓展能力，对小王来说，就可有可无了。公司招他不是因为这些"无差别因素"，拥有这些能力也不会提升他的核心竞争力。

希望大家能对"要素排序思考法"有更清晰、深入的理解。每个岗位都有它的独特性，所以我们要根据具体情况、具体工作来具体分析、划分职场竞争力。

> **核心要点**
>
> "要素排序思考法"就是指在做事前，先将每件事中包含的要素分成"必备要素""期望要素""魅力要素"和"无差别要素"四类。在做事情之前，你可以通过思考这四类要素，罗列出相关事项，快速抓住工作重点，提高工作效率。

发散创意思考法：
如何用发散思维找解决问题的灵感

"天才是 1% 的灵感加 99% 的汗水"是发明大王爱迪生的一句名言，但大家可能不知道，这只是前半句话，后半句话是"但那 1% 的灵感是最重要的，甚至比那 99% 的汗水都要重要"。

那灵感究竟是什么呢？其实就是突然产生的富有创造性的思路，往往是在各种机缘巧合中，突然出现的，我们经常说的"灵光乍现"就是指突然有了灵感。我们突然间想到的一个好点子、一句好广告语、一个好方法，都源于灵感。

既然灵感能帮助我们解决这么多问题，那我们在遇到困难时都去找灵感不就行了？可是，灵感实在是太不稳定了。有的人会在睡梦中突然获得灵感，比如数学家笛卡尔在梦中发现了坐标系，而有的人一生之中也没有过几次灵感。

即便如此，还是有很多人富有创意，总是有创新的思路，他们靠的是什么呢？事实上，他们靠的不是灵感，而是解决问题的发散思维。所以，对职场人来说，真正重要的不是获得灵感，而是通过发散思维找到切实可行的解决问题的方法。

多角度发散思考

什么是"发散创意思考法"呢?就是在解决问题的过程中,针对某一点进行多维度思考,探寻多种可能性。

有一个故事对我的启发很大。

一家制造型企业拥有最好的生产设备,为员工提供行业内最高的福利待遇,但生产效率和其他行业内的企业相差无几。在一般人看来,没有什么办法能提升这家企业的生产效率了。一名年轻的车间主任通过竞争上岗成为公司生产车间的总负责人后,改变了这样的局面。

这位总负责人走马上任后,认真进行调研,听取车间内外的各种意见和建议。最后,他对公司内的四个车间采取了不同的措施。

第一个车间里基本都是男性,工作时比较散漫、随意。意识到这一点后,他马上就调派了一些女性过来,激发了男性的工作积极性。员工的工作效率明显提升了。

第二个车间的员工以年轻人为主,他们干活比较毛躁,良品率不高,怎么办呢?他将一些有经验的中年员工放在了这个车间里,他们老成持重,带动了这个车间良品率的提升。

第三个车间和第二个车间正好相反,其中大部分员工年纪都比较大,缺乏干劲。于是他就让一些年轻员工加入了这个车间。这样一来,车间员工的活力增加了,车间的氛围也好了,员工的工作效率也在不知不觉中提升了。

第四个车间比较特殊,里面有老有少,有男有女,但他们几乎都是本地人,不太听指令,抱团取暖。发现这个问题后,他选了一些优秀的外地员工到这个车间工作,本地人受到了刺激,效率自然提高了不少。

这位新上任的车间总负责人,为了提升生产效率,针对不同的车间,从性别、年龄、地域等多个角度进行思考,探寻方法,有效地解决了生产效率的问题。这就是运用"发散创意思考法"的关键——多维度思考，探寻多种可能性。

七何思考框架

大家是不是经常听到其他人说"这个问题没法解决""实在没办法了，只能做到这个程度""这样已经是最好的了"等，这些都是缺乏发散思维的典型表现。在工作中，如果你黔驴技穷，再也想不出好点子，该怎么办？运用简单、有效的七何思考框架，自我提问，自我启发，就能在毫无头绪的时候打开思路了。

"'5W2H分析法'又叫七何分析法，是二战中美国陆军兵器修理部首创的。该方法简单、方便，易于理解、使用，富有启发意义，广泛用于企业管理和技术活动，对于决策和执行性的活动措施非常有帮助，同时也有助于弥补考虑问题的疏漏。"[1]

"5W"是指Why、What、Where、When、Who，也就是原因、事件、地点、时间、人物；"2H"是指How和How much，也就是怎么做和需要多少资源。

我们可以通过一个口诀来记住这七个要素：何人在何时何地，为何干了何事？如何干？需要多少资源？

比如，你想做个读书计划，给自己充充电。可是，你却没有想好要选哪些书，如何落实这个计划。

这个时候，你就可以通过"5W2H分析法"，将七个方面的问题逐一问自己一遍，发散自己的思维，启动思考的开关。

第一个方面的问题是为何（Why）——我为什么要做这个读书计划？

---

[1] 出自《财务与会计（理财版）》2012年。

我想通过读书了解或者解决某个问题，还是一时心血来潮，想挑本书随便读一读，并没有特别明确的目的？

第二个方面的问题是何事（What）——我希望读什么主题的书？我选书的标准又是什么？

第三个方面的问题是何人（Who）——我想自己阅读，还是想让别人把书中的内容一点一点读给我听，还是加入一个读书社群，让大家监督我读书？

第四个方面的问题是何时（When）——我打算以什么样的阅读频率读书？是每天都读，还是每周读一次？把读书的时间安排在几点？

第五个方面的问题是何地（Where）——我想在什么地方阅读？是看电子书，还是看纸质书？从哪里能获得高品质的图书？

第六个方面的问题是如何做（How）——我打算用多久看完一本书？是快速浏览、掌握大意，还是仔细精读、做做笔记？在读完每本书后，我是否需要通过给朋友讲清楚其中的重点，来梳理自己的阅读收获，提升读书效果？

第七个方面的问题是需要多少资源（How much）——我准备花多少钱买书？准备投入多少时间和精力看书？

将这七个方面问题的答案想清楚，这份读书计划的可执行性是不是就提高了很多？

这个思考框架不仅可以用在做新项目计划或者处理一些需要创意的临时任务上，我们还可以用它来分析工作中遇到的各种问题。

小王是一个互联网公司的运营人员。最近，老板让他负责一条新的业务线，并完成一个微信小程序的策划。这个时候，他就可以用"5W2H分析法"，通过自我提问，思考规划：

第一个方面的问题是"Why"，也就是为什么。凡是涉及原因和动机的事情，都属于这个方面的问题。

比如，为什么要设计这款小程序？用户为什么会选择这款小程序，而不选择其他公司制作出来的？回答好这个方面的问题，就可以避免做无用功。

第二个方面的问题是"What"，也就是做什么。

比如，要做一款什么样的小程序？它需要具备什么特色？要保证它具有哪些功能？

第三个方面的问题是"Who"，凡是涉及人员的问题，都需要问自己一遍。

比如，目标用户是什么样的人？未来能不能将其他人群纳入目标用户的范围？每项具体工作由哪些人来做？责任人分别是谁？

第四个方面的问题是"When"，也就是关于时间的问题。

比如，这款小程序什么时候上线最合适？明年行不行？

第五个方面的问题是"Where"，包括地点问题，也包括渠道问题。

比如，这款小程序完成后，可以在哪些渠道进行推广？

第六个方面的问题是"How"，也就是如何做。

比如，要以什么样的方式做？是公司内部研发，还是外包给其他公司做？研发的基本流程是什么？

第七个方面的问题是"How much"，也就是需要哪些资源。

比如，开发这款小程序需要多少成本？需要投入多少人力、物力、财力？如果现有的资源不足，是否需要寻求支持？

梳理好这七个方面的问题，这份策划也就完成得差不多了。

用这个思考框架，不仅能提高工作效率，还能避免漏掉关键信息，保证工作的严谨性。乍看之下，七个方面的问题似乎有点多，但其实按照这个框架进行思考还是比较快的。我们接到任务，却暂时没有思路时，就可以先拿出一张白纸，在纸的中间写上任务主题，然后朝七个方向各画一条线段，在每条线段外侧的顶点上，分别列出这七个方面的问题，然后逐个将这些问题的答案填好。填完答案时,创意、灵感和执行思路也就出来了。

思考时要提出有效的问题

在借助"七何思考框架"分析问题的时候,要注意两点:

第一,这七个方面的问题在不同情况下的价值有所不同。

比如,老板让你策划一场在公司会议室举办的活动,那么地点问题就不用考虑了,因为老板已经指定了。

第二,要根据背景确定每个问题的提问方向。

比如,在上文提到的制订读书计划的例子中,关于"When"的问题,不仅包括"把读书的时间安排在几点",还包括"打算以什么样的阅读频率读书"。这样制订出的计划才更有价值和可执行性。

> **核心要点**
>
> "发散创意思考法"就是要求我们进行多维度探索,当找不到思考角度时,可以运用"七何思考框架"自我提问。可以问自己:"何人在何时何地,为何干了何事?如何干?需要多少资源?"

逆向思考法：
创造性地解决危机

我们先来看一个故事：

20世纪90年代，家喻户晓的"天堂伞"遭遇了一次重大的市场危机。

当时，天堂伞的口碑很好，品牌知名度也很高。天堂伞的价格比许多品牌的伞贵，但产品仍然供不应求。全国各地开始出现了天堂伞的仿冒品，仅杭州就有十多种假货。最猖狂的时候，十把天堂伞里有六七把都是假的，这让创始人王斌章烦得睡不着。

怎么办呢？

一开始，王斌章选择使用法律手段来打压这些仿冒者。但是，假天堂伞实在太多了，他在这个问题上花费了不少时间和精力，还是没有解决这个问题。

某天，王斌章突然冒出个想法："出售假货的目的是赚钱，售假商户如果能从我这里赚到更多钱，是不是就不再售假了？"

于是，他做了一件事——"招安"！换句话说，就是与售假商户谈合作。他将售假商户收入麾下，让他们变成自己的经销商，给他们提供真的天堂伞。

这样一来，以前售假的人赚得比原来多了，天堂伞也拓宽了自己的销售渠道。不久后，假货的势头就得到了有效遏制。

改变一下思考方式，就将原本花许多时间和精力都搞不定的事情解决了。这就是逆向思考的力量。

看完这个案例，大家可能会觉得虽然逆向思考对解决问题很有效，但操作起来似乎不那么容易。这种方法可以应用到实际生活中吗？

其实，运用"逆向思考法"并不复杂，就是从常规思路的反面找到创造性的解决思路。以下三个方面的逆向思考就可以应用到工作和生活中：

第一，关于优劣势的逆向思考。

第二，关于顺序的逆向思考。

第三，关于状态的逆向思考。

关于优劣势的逆向思考

逆向思考优劣势，就是把对我们不利的因素，转化成对我们有利的因素。天堂伞的创始人就是用这种思维方式，将自家品牌的假货售卖方变成了自己的销售资源。

其实这类方法在营销时非常常见。

比如，一名裁缝在吸烟时，不小心将一条高档裙子烧了一个小洞，致使这条裙子无人问津。按常规的想法，他只要把洞补上，就可以让这个瑕疵逃过顾客的眼睛。但这名裁缝反其道而行之，在裙子上又剪出了一些小洞，并精心饰以金边，为这条裙子取名"金边凤尾裙"。不但这条裙子卖出了高价，消息一传开，不少女士专门前来购买"金边凤尾裙"，生意异常红火。

再比如，袜子的后跟处容易破，所以商家运用"逆向思考法"，尝试制作"无跟袜"，产品一上市就受到了女孩们的青睐，创造了非常好的商机。

还有，有些奶茶类饮品刚做出来时，其中的材料无法均匀地融合在一起。我们常常看到服务员将奶茶倒过来摇一摇,再递给顾客。懂得"逆向思考法"的商家直接将奶茶命名为"手摇奶茶",他们把手摇当作卖点,让消费者参与到产品的制作中,自己摇一摇,于是,手摇奶茶大获成功。

在商场中,关于优劣势的逆向思考常常带来可观的经济效益。

关于顺序的逆向思考

前文中提到的传说中曾国藩幕下的师爷将"屡战屡败"改成"屡败屡战",就是从顺序的角度进行逆向思考的结果。

我们再来看一个职场中的案例:

一般的求职者为了吸引招聘方的眼球,会在简历上列举许多荣誉和成绩,啰里啰唆的一大堆,反而让自己想突出的重点湮没其中了。

我见过一位有心的求职者,他是大专毕业生。如何让招聘单位在本科生、硕士研究生扎堆的情况下看上自己呢?他运用了逆向思维,在撰写简历时用了倒叙。一般来说,简历总是从介绍自己的姓名、兴趣、爱好等开始的,他却开篇就展示出了用人单位都比较注重的工作经验,先声夺人。这样的做法很容易显现一个人的思维能力和工作的自觉能动性。我如果是招聘方,就会对这样的求职者格外留心。

另外,逆向思考顺序是构思故事的好方法,我们可以在故事的开篇讲一个让人意外的结局,引起听众的探索欲后,再一步步展开故事的情节。很多悬疑电影都是这么构思的,一般情况下,这样的故事很吸引人。

关于状态的逆向思考

逆向思考状态,让事物的状态从动态转为静态,或者从静态转变为动态。这种说法听起来可能有些抽象,我们来看几个例子。

比如，以前工人锯木头时，只能让木头不动，锯子动。能不能把这个状态反过来，让锯子不动，木头动呢？后来就有人发明了台式电锯，让木头更容易被锯开。再比如，人走楼梯时，人动，楼梯不动。能不能把这个状态反过来，人不动，让楼梯动呢？于是，就有人发明了自动扶梯，让人在上楼梯时更省力。

摩拜单车刚在重庆推广时，遇到了一个难题：运输工人每天都要从北往南，搬运大量的单车，运营成本急剧上升。那为什么投放到各处的单车会都堆积在北边呢？

原来啊，重庆山路多，而且东南高西北低。很多人从南边到北边上班时会选择骑车，因为是下坡，路好走；但这些人下班后，要经过上坡时就不会再骑车了，每天晚上就有许多单车留在北边。

后来，摩拜单车推出了一项"红包单车"服务。他们投放了一批"红包单车"，用户通过摩拜单车APP，找到这些被停放在北边的红包单车后，可以免费骑行红包单车两小时，完成骑行，把车停放在南边的指定区域内还可以领红包。这个免费骑车的创意，把处于静态中的单车变成了动态的，公司的运营成本也降了下来。

我们也可以想一想，如果拜访客户不能提高成交量，能不能把客户和我们的状态调换过来，想办法让客户上门来拜访我们呢？

> **核心要点**
>
> "逆向思考法"就是反过来思考的方法，有时候反过来思考，会让结果更精彩！有三个方面的逆向思考可以应用到我们的工作和生活中：关于优劣势的逆向思考，关于顺序的逆向思考，关于状态的逆向思考。

批判思考法：
遇事不被牵着鼻子走

相信大家都见过抽烟多年却高寿的老人，很多人因此推断，吸烟对健康无害。这样的人就是掉进了逻辑"坑"的人，他们被看似正确的假逻辑欺骗了。

我们不能用个人经验和个例取代科学的论证，盲目地对一件事情下定论。

在工作中，尤其开各种讨论会时，我们经常会遇到这种"坑"。我们会掉进这些"坑"中，常常是因为缺乏批判性思考的能力，无法快速对接收到的信息进行甄别和判断。正因如此，我们很容易被"假逻辑"说服，然后，做出错误的回应或决定。

那么，如何提高批判性思考的能力呢？以下四个技巧会帮助我们快速掌握"批判思考法"的关键，有效甄别信息的真伪：

第一，看出处，辨别信息的有效性。

第二，觉察结论的背景和其中隐藏的信息。

第三，看表达者的立场和利益。

第四，建立多元的评判标准。

看出处，辨别信息的有效性

当我们听到一些信息或建议，正犹豫到底要不要认可时，可以先在心里点亮一盏红灯，停一分钟，判断一下信息的真伪和有效性。我们可以搜索一下信息的源头或咨询专业人士。因为辨别信息的真伪和有效性，是思考的第一步。如果思考的方向错了，我们越努力，就会离目标越远。

比如，你做了一个产品，收集了许多热心用户提出的追加功能的意见，但你犹豫是否要采纳这些意见。这个时候你就要判断你获得的信息是否有效，是不是需要寻找更有效的信息了。

给你提意见的这些人，可能都是你产品的活跃用户，他们觉得你的产品还不错，有继续用下去的意愿才会给你提意见。那些觉得你的产品实在很烂的人，可能用了一次之后就再也不用了，但事实上，这些人的意见可能更重要，可因为他们无法开口，所以你可能永远听不到他们的想法。即便如此，你也要想办法主动找到他们，问问他们为什么不喜欢你做的产品，也许你会收获新的视角，创造更大的价值。

觉察结论的背景和其中隐藏的信息

人们常常会忽略结论的背景和其中隐藏的信息，而觉察这些比较隐蔽的信息，恰恰是批判性思考所需要的基础能力。

假设你是某公司的高管，一位市场主任正在向你汇报工作。他说：

"领导，目前我们公司电脑产品的市场占有率逐年提升，收益却逐年降低。这主要是因为目前国内电脑市场的竞争太激烈，我们不得不进行低价竞争。所以，利润率逐年递减也是没有办法的事。"

如果不仔细思考，你会感觉这位主任的汇报内容挺合理的。但是，如果你进行批判性思考，就会发现，他的汇报中根本没有数据和竞品公司的情况能证明他说的是正确的。如果你能自己找到或者从下属那里获得一些自己公司及竞品公司产品的具体数据，你就可以判断你的下属说的是不是正确的。

比如，你通过一些方式得知：另一家公司的电脑产品同年在同样的竞争环境下，不但提价了，而且这家电脑公司的营业收入还增长了5%，净利润上涨了30%。很显然，这样的数据就可以作为下属得出的结论的反证，你可以用它们来推翻下属的结论。

我们再来看一个生活中的例子。越来越多的人认为，喝红酒的人身体更健康。喝红酒真的有利于健康吗？其实这种说法并无证据。能获得更优质的医疗资源、有良好的生活环境、懂得调整情绪等都会帮助人保持身体健康。所以，我们应该看到"喝红酒不是使人健康的主要原因"这个背景信息。

看表达者的立场和利益

大多数人都会让"屁股决定脑袋"，也就是坐在什么位置上，说什么话，这无可厚非。但我们一定要学会觉察表达者的立场。

比如，挤公交车的时候，没挤上去的人会对别人说："再挤一挤，我还能上去。"但这些人一旦挤上去了，可能就会对别人说："别挤啦，别挤啦，没地儿啦。"所以，我们要清楚表达者的立场和利益与他们的想法和话语密切相关，明白这一点，我们就不会被某些不全面、不准确的信息牵着鼻子走。

建立多元的评判标准

人的思考方式会历经三个阶段：

第一阶段：非黑即白的二元论阶段。处在这个阶段的思想认为所有事物非好即坏，小学生总要分清影视剧里哪些人是好人，哪些人是坏人，就是因为他们的思考方式正处于这个阶段。这是思考方式还不成熟的阶段。

第二阶段：相对主义阶段。当我们了解到更多不同的角度和看法时，就会认为事情的模糊性不可避免，"任何事情都有两面性，所以你不能说我一定是错的。"但这是和稀泥的流氓逻辑。

第三阶段：承担责任阶段。我们有了这样的思考方式后，就会建立多元评判标准，会独立思考，接受挑战，保持思维的灵活性。

学生时代的评判方式和衡量标准相对单一，但是职场中的评判方式非常多元。有些人因为能力强得到领导赏识，有些人因为人际关系搞得好获得帮助，有些人因为忠诚获得领导的信任和提拔。不要固守单一的评判标准，而忽略或看不起别人的评判标准。

另外，在学习"批判性思考法"的过程中，要把握好度。不能为批判而批判，或者过度批判，也不要钻牛角尖，效果比道理更重要。

核心要点

有效甄别信息的真伪，快速掌握批判性思考的方法需要学会四个技巧：

第一，看出处，辨别信息的有效性。

第二，觉察结论的背景和其中隐藏的信息。

第三，看表达者的立场和利益。

第四，建立多元的评判标准。

结构思考法：
培养化繁为简的能力

大家在面对工作难题时，会不会感觉脑子里一团乱麻，好像有很多信息从脑海中迸发出来，但无法将它们组合成一个完整的解决方案？这种状态持续的时间长了，大脑就会罢工，人就会开始头疼、焦虑，陷入恶性循环。

我们学习了第一章中的"结构表达法"，已经知道了人类的大脑偏爱简单、有序、有规律的信息，难以处理过多零散、复杂的信息。接收到量大且琐碎、细节多的信息时，我们只有先在脑袋里，把这些信息和细节进行结构化处理，才能快速找到解决方法，有效应对。

"结构思考法"就是要帮我们找到一个可以将所有碎片信息放进去的有效结构，减轻大脑负担，高效地解决问题。

这种方法可以用在解决问题、沟通交流、学习等多种场景中，在我看来，运用这种方法有三大好处：

第一，可以帮助我们将复杂的问题简单化，大幅度提升思考的效率。

第二，可以让我们更会沟通，提升表达的说服力。沟通中出现了问题，本质上是因为思考的方式有问题，说不清楚的根源在于想不清楚。

第三，可以帮助我们建立自己的知识结构。在互联智能时代，很多信息都是碎片式的，如果不注重将信息结构化，信息就只是信息。如果我们梳理出了自己的知识结构，再接触到碎片式的信息时，就可以把它们放到对应的结构了。

面对问题时，如何寻找结构、建立结构？最简单也最好用的"结构思考法"有两种，分别是："自上而下演绎思考法"和"自下而上归纳思考法"。

自上而下演绎思考法：先找角度，再细化思考

"自上而下演绎思考法"的本质是由总到分地进行结构化思考，通过归类或者套用现成的结构公式，找到合适的"分"角度，然后沿着"分"出来的路线，细化思考。其中包含三个具体的步骤：

第一步，寻找分析的角度，或者可以直接套用的结构。

第二步，沿着每个角度，继续进行细分，一一思考对应的内容。

第三步，查漏补缺，形成可行的方案。

如何把这种"结构思考法"应用到日常工作中呢？我们来看一个例子。

小王是个海产品销售员，上级本月给他分配的业绩指标是100万元。小王拿着这个指标，头都大了！100万可不是个小数目，要怎么做才能完成呢？

是多开发些新客户，还是跟进几个准客户，还是多找几位老客户喝喝茶，让他们多介绍些朋友给自己？小王越想越拿不定主意。

如果用"自上而下演绎思考法"，他就可以用这样的思路思考：

第一步，寻找"分"角度。

可以根据以前所有成交的客户来源，将这些客户分成三类。通过分析，小王梳理出，成交的客户有三类，他们曾是陌生的新客户、跟进中的准客户和已经消费过的老客户。

第二步，沿着"分"角度继续思考，不断细化问题，深入地思考。

陌生的新客户是通过什么渠道来的？是在陌拜①的过程中发展出来的，还是经熟客介绍，自己找来的？还有没有可能拓展更多的新渠道？如何拓展？

目前购买过产品的老客户的复购率是多少？要将这一比率提高到多少，才有可能完成业绩？如何提高这一比率？

需要多长时间才能与转化跟进中的客户成交产品？有没有可能缩短成交的周期？是通过设计促销活动，来促成转化，还是靠增加跟进频率，来提升转化率？

通过一层层细化，小王最后会得出一个金字塔结构的行动方案雏形。

第三步，查缺补漏，形成可行的方案。

对之前形成的方案雏形进行查漏补缺，决定实施方案时要从哪里入手，以及未来一个月如何分配自己的时间和精力，将工作重点放在哪个部分。

在大脑中完成这样的结构化思考后，要达成100万元目标这件事是不是开始有点眉目了？

单个人的目标还是比较好达成的，毕竟每个人对自己的本职工作都很熟悉，对具体的工作内容也有足够深刻的理解，比较容易找到有把握的分析角度。但如果我们遇到的是更复杂的受客观因素影响比较多的问题，又不知道自己分析的角度合不合理，该怎么办呢？

这时，我们可以尝试找一个现成的结构，直接套用。很多问题的解决方法可能已经被前人找到了，此时，我们就可以让前人的思考成果变成我们解决问题的工具以及成长、进步的阶梯。

比如，你开了一家餐厅，菜品的卖相、品质都很好，可是销售额总是上不去。怎么办？

---

① 营销词汇，未经预约登门拜访陌生人。

这时，你就可以问问同行，看看是不是早就已经有人整理出相关的公式和解决方法。答案是肯定的，前人总结出了一条著名的万能商业公式：销售额 = 流量 × 转化率 × 客单价。

解决问题的第一步，就是运用公式寻找分析的角度。

第二步，就要一一分析、思考公式中的要素，看一看问题究竟出在了哪个环节，再有针对性地分析问题出现的原因。

销售额不多，如果是因为客流量不够大，也就是来你餐厅吃饭的人不够多，那你就要考虑是宣传力度不够，还是没有优惠活动的问题；如果是因为客流量的转化率低，那你就要考虑是因为菜单上图片和菜品的名字没有吸引力，还是因为餐厅里的服务不到位，影响了顾客的用餐体验；如果是因为客单价太低，那你就要考虑是因为菜品不够高档，卖不了高价，还是因为单桌客人点菜数量少，还是因为餐厅里的环境一般，不吸引高消费群体。

第三步，通过详细的分析，根据具体情况来确定行动方案。

如果是因为宣传力度不够、没有优惠活动，你就可以一方面借助网络的力量增加曝光率，提升好评度，提高客人选择你的餐厅的概率；另一方面，增加地推人员，让他们到附近目标客户多的购物街派发传单和有足够吸引力的大额优惠券，让收到传单或优惠券的人在想吃饭时，优先考虑你的餐厅。

如果是因为菜单没有吸引力、服务不到位，你就要重新设计菜单，突出主打菜品；还要优化服务流程，确定顾客进店时服务人员用什么样的话问好，用什么方式帮助顾客点菜、上菜，埋单时为顾客提供什么样的优惠以及如何送客，在每个步骤上下功夫都可以提升用餐体验，海底捞就是这方面的典范。

如果是因为菜品不够高档、售价不高、单桌客人点菜量少，你就可以在不影响进店顾客量的情况下研发档次较高的菜品，提升菜品单价，或者将菜品组合成套餐，提升单桌客人的点菜量。

当你能够灵活使用结构化的方式思考时，你的沟通能力、学习能力甚至日常生活中的各种效率都将有大幅度的提升。

比如，门店上个月的业绩下滑得厉害，领导让你写个分析报告，你就可以这样构思：先将各项数据分为受内部因素影响的和受外部因素影响的两大块，然后再逐块分析，将问题一一细化，这会让领导觉得，你的分析思路清晰，层次也很分明。

又比如，你打算抽个时间，收拾一下衣柜，就可以这样计划：先按季节把衣服分成春秋款、夏季款、冬季款三大类，再将每一类衣服按适用场合分为上班时穿的、运动休闲时穿的、宴会活动时穿的，最后，再按颜色将衣服分别挂起来或叠起来。有了这样的思路，你动手收拾的时候，就会特别快。

自下而上归纳思考法：走散点式的感性思维

"自上而下演绎思考法"要求我们快速找到细分角度或者直接套用公式，把任务结构化，有针对性地找到切入点，来解决问题。对工作任务理解深刻的时候，我们可以用这种思路来写汇报和员工培训计划。但是，如果我们还不熟悉手头的工作，不能迅速整理出各种分析的角度，而且也不知道能套用哪些结构框架，我们就可以用另一种"结构思考法"——"自下而上归纳思考法"。

"自下而上归纳思考法"的本质是总结提炼、归类分组。把有相同属性、特点的信息归为一类，提炼共性、按组处理，从而理清行动思路，提高执行效率。运用这种方法思考分三步：

第一步，发散思维。拿一张白纸，把我们脑中关于这个问题的所有碎片想法全都列出来，能想到多少就列多少。

第二步，连线分组。再读一遍这些碎片想法，用连线的方式将同类型的想法画到一起，归为一组。

第三步，提炼结构。看一下分出来的组是否存在某种规律，按照这样的规律，根据"不遗漏""不重复"的原则，看看是否需要补充或调整其中的一些信息。用这样的方法分出来的组，其实就是我们自己的结构。

怎么运用这种方法呢？我们来看下面这个例子：

假设你就职于某家门店，上个月，你是这家门店的销售冠军，领导要你总结一下自己成功的心得，在下周的公司例会上与大家分享一下经验。这个时候你就可以使用"自下而上归纳思考法"来进行思考，提炼出要分享的内容的结构。

第一步，发散思维。拿一张白纸，把你脑中关于如何应对顾客，以及如何高效促成业务成交的做法都列出来。比如：一、交谈时保持微笑，与顾客的目光接触，体现服务意识；二、用正面的语言回答顾客的问题；三、如果顾客在某个产品旁逗留的时间较长，就可以轻柔地询问顾客是否需要帮助；四、当顾客沉默时，提出顾客可能需要的产品的卖点，来探询对方的需求；五、如果顾客不想被打扰或者表现出不耐烦，应当尊重顾客的意愿；六、不打断顾客的话，不猜测顾客还没说出来的话；七、展现自信的个人风格，敢于提供建议；八、当顾客没有买东西就要离开时，可以递上宣传册，欢迎他们再次惠顾。

第二步，连线分组。通过仔细观察，你会发现，上述八条经验中，第一条、第二条、第六条、第七条、第八条是常规做法，是销售人员在工作时每时每刻都要做到的；第三条、第四条、第五条是根据顾客的不同反应采取的应对方法。在此基础上，你就可以用连线的方式将"常规做法"和"特殊做法"分别连在一起，分成两组。

第三步，提炼结构。根据"不遗漏""不重复"的原则，看看是否需要补充或调整其中的一些信息，将结构确定下来。你需要先看一看自己的分组方式是否符合"不重复"的原则。八条做法被分成了"常规做法"和"特殊做法","常规做法"是 A,"特殊做法"是非 A,没有出现重叠现象。接下来,你需要看这八条经验有没有重复的,第二条和第七条表达的是同样的意思,合并成"回答顾客问题时,展现自信的个人风格,用正面的语言提供建议"就可以了。除此之外,你还要看看有没有遗漏的、要补充的内容,比如你想到销售人员的形象也会影响成交量,就可以将"个人装扮要给顾客好感,要勤于打理自己的形象"加入其中,这一条也属于"常规做法"。

最后,如果你认为自己的经验就是这些了,那么你就可以将经验分享的基本结构确定为:"常规做法 + 特殊做法"。

当然,你还可以用另外的分组方式,补充其他经验内容。

按照"自下而上归纳思考法"的思路思考,你就会在大脑中用散点式的感性思维建立起理性的结构。在公司例会上,跟大家分享时,你说出常规做法有五条,分别是什么,特殊做法有三条,分别是什么,就会显得逻辑很清晰。

我们再来看一个有关职业分析的例子:

小李向你咨询职业选择。他刚刚毕业,学的是工科,性格外向、偶尔粗心,已经收到两家企业的录用信,这两份录用信上的工作内容分别是技术方面的和销售方面的。你可以按照以下步骤来帮他分析选择哪个岗位更适合他:

第一步,发散思维。拿一张白纸,指导小李写下自身条件和想法,比如小李写下的是:一、技术岗位的基本工资更高;二、性格外向,喜欢与人交往,做销售可能更符合自己的个性;三、销售岗位的奖金更多;四、做销售晋升更容易,晋升会伴随加薪;五、学的是工科,具备做技术的基本知识;六、没有营销的经验和知识,做销售的话,需要一段时间才能上手;七、有些粗心,做技术犯错的概率更大。

第二步：连线分组。你会发现，第一条、第三条、第四条说的都是关于收入的，第五条、第六条说的是知识储备和经验储备，第二条、第七条说的是性格对做事的影响。所以，你可将它们分为"收入""性格""知识经验"三组，并用连线的方式，将同类内容连在一起。

第三步：提炼结构。用"不遗漏""不重复"的原则确定结构。首先，考虑"不遗漏"原则，收入、性格、知识经验这三个角度包含了所有应该考虑到的要素吗？好像不是。思考做技术还是做销售时，除了要考虑性格，是不是还要考虑能力？比如沟通能力、创新能力等。另外，是不是考虑小李自己的兴趣和爱好了呢？所以，可以扩展一下，再加上"能力""爱好"就比较全面了。然后，你就可以让小李再写下有关这两个方面的自身条件或想法，比如，小李又写下了"八、沟通能力强，会随机应变"，以及"九、喜欢打篮球，愿意参加体育运动时交朋友"。第八条是在形容能力，第九条是说爱好的。

接下来就要考虑"不重复"原则。"收入""性格""知识经验""能力""爱好"之间是否有交叉的部分呢？似乎有。因为"性格"跟"爱好"是相关的，而"能力"和"知识"好像也很难分开。所以，我们将"性格"跟"爱好"组合在一起，将"能力"和"知识"组合在一起，将分类角度变成："收入""性格和爱好""能力和知识经验"。进一步分析，你会发现，考虑收入是因为要想自己能否通过做某项工作养活自己，考虑性格和爱好是在想自己对某项工作是否感兴趣，考虑能力和知识经验是在想自己能否将某项工作做好。所以，你就可以将最终的结构确定为"与赚钱相关""与兴趣相关""与擅长的领域相关"。然后，你还要考虑其中的具体内容有没有重复的部分。你会发现第二条和第九条有些相似，可以合并为"他性格开朗，喜欢打篮球，愿意与人交往，在参加体育运动时喜欢交朋友，做销售可能更符合他的个性"。

最后，如果你和小李认为这些已经是小李所有的自身条件和想法了，你们就可以将职位选择要素的结构确定为"与赚钱相关 + 与兴趣相关 + 与擅长的领域相关"。

根据对这三项分别评分，以最后得分来确定选择哪一岗位更合适。如果你会用这种方法，帮小李做职业选择的思路是不是就清晰多了？

训练结构化思考的三个方法

我们一定要知道，"会想"真的不是少数人天生的能力，我们都可以通过后天的刻意训练来提高这种能力。"结构思考法"是一种非常有价值，而且可习得度很高的方法，我认为，这是我们最值得刻意学习、训练、运用于实践中的思考方法之一。

为了方便大家练习结构化思考，我们来看三个训练方法：

第一，有意识地积累结构。

在平常看书、刷朋友圈或者在知识平台中看到有意思的理论观点时，可以花点时间思考一下，能不能将这些理论运用到我们的工作中。如果其中的一些能运用，我们就可以随手把这些理论中包含的结构以及这些结构适用于哪些场景记下来。久而久之，我们就会拥有自己的结构库。我们需要使用结构时，就可以到这个结构库里，去寻找适合的结构框架。

普通人摸着石头过河，靠经验和直觉做事；喜欢思考的人，则善于借东风，会学习、积累前人总结的结构。股神巴菲特的搭档芒格就积累、总结了 100 个结构模型，来帮助自己做投资决策，与巴菲特一起创造出了有史以来最伟大的投资记录。

第二，写文章。

通过输出倒逼输入，是一种很有效的学习方法。我们可以每周或者每半个月使用结构化的思维写一篇高质量的文章，一定要使用我们积累的结构库里的素材来写这篇文章。

第三，两分钟内说清观点。

如果我们所在的团队有开例会的习惯，还可以使用第一章里提到的"限时表达法"。当我们在会议上需要发表观点或者提供建议时，就可以有意识地训练自己，使用之前积累的结构，在两分钟内把观点或建议说得清楚、完整。

> **核心要点**
>
> 用结构化的思维看问题，能够培养出化繁为简的能力。有了结构，就可以将混乱化为有序，以模块为单位，有层次地梳理问题；就可以从细节切入，将问题各个击破。
>
> "自上而下演绎结构法"包含三个步骤：寻找"分"角度；沿着"分"角度继续思考，不断细化问题，深入地思考；查缺补漏，形成可行的方案。
>
> "自下而上归纳结构法"也包含三个步骤：发散思维、连线分组、提炼结构。

过程决策思考法：
如何在短时间内做出决策

大家是否常常在做决策时纠结？

我们在做决策时总是收集尽可能多的数据，以掌握更多信息，避免考虑不周全。但做决策的时间并不是越晚越好，当收集到足够多的数据信息时，决策的最佳时间可能已经错过了。

如何摘到最大的麦穗

先跟大家分享一个有意思的小故事：

相传两千多年前，有三个学生问了苏格拉底一个问题："怎样才能找到理想的人生伴侣？"苏格拉底带着学生们来到一片麦田前，说："你们走进麦田，一直往前走，不要回头，摘下最大的麦穗，每个人只能摘一次。"

第一个学生走进麦田，很快就看见一枝又大又漂亮的麦穗，于是，他很高兴地摘下了这枝麦穗。可是，他继续往前走时，发现很多麦穗比他摘的那枝要大得多。他很后悔自己下手早了，只好遗憾地走完了全程。

第二个学生吸取了教训。每当想摘麦穗时，他总是提醒自己，后面还有更好的。不知不觉中，他已经走出了麦田，却一枝麦穗都没摘。他很后悔没把握住机会。

第三个学生把麦田分为三段,走过第一段时,他只观察、不下手,在心中把麦穗分为大、中、小三类;走过第二段时,他还是只观察不下手,验证第一段的判断是否正确,修正心中的分类标准;走到第三段,也就是最后的三分之一时,他摘下了自己遇到的第一枝在自己心中属于大的一类的麦穗,满意地走完了全程。

苏格拉底的第三个学生的做法,正符合我们接下来要学习的"过程决策思考法",运用这种方法思考,就是把一件事情的决策过程分成三段:

第一,思考事情前面的 1/3 时,仔细观察,建立基本的决策标准。

第二,思考事情中间的 1/3 时,验证之前建立的标准,如果有误差,就稍作修正。

第三,思考事情最后的 1/3 时,找到符合决策标准的对象,第一时间决策,摒除完美主义思想。

在日常生活中做决策时,我们就可以参考这种方法。

用 37% 确立基础决策标准

如果你觉得这种三步决策过程有点复杂,有些浪费时间,也可以用简化版的"过程决策思考法"——"37%最优停止理论",这一理论通过数学算法为我们找到了停止观望,见好就收的最佳时机。运用这一理论时,我们要用事件的前 37% 来确定基本的决策标准,用剩余的 63% 来根据标准,选择方案。

一些年轻人在选择事业方向时,总是不甘心,总觉得现在做的工作不是最适合自己的,重新找工作或许能找到更好的。在解决这个问题时,这些年轻人就可以用简化版的"过程决策思考法"。假设他们在一生中可以选择 10 份工作,那么他们就应该在做前 4 份工作时,制定适合自己的工作的标准。再往后，只要遇到符合标准的工作，就马上将其确定为自己长期的事业发展方向。

至于在决策过程中，是选择简化版的两步"过程决策思考法"，还是用原版的三段"过程决策思考法"，这要根据需要决策的问题的复杂程度，以及决策者拥有的时间来决定。

> **核心要点**
>
> 运用"过程决策思考法"时，要把一件事情的决策过程分成三段：
>
> 第一，思考事情前面的1/3时，仔细观察，建立"基本的决策标准"。
>
> 第二，思考事情中间的1/3时，验证之前建立的标准，如果有误差，就稍作修正。
>
> 第三，思考事情最后的1/3时，找到符合决策标准的决策对象，第一时间决策，摒除完美主义思想。
>
> 但在日常工作中，我们常常需要在做第三步时，思考事情的全部，权衡所有的选项，从中选出符合决策标准的对象。
>
> 当我们想在短时间内做出决策，或者面对简单决策事项时，就可以将决策过程简化成两个阶段，用事件的前37%来确定基本的决策标准，用剩余的63%来根据标准，选择方案。在运用"过程决策思考法"时要摒除完美主义思想。

小 结

本章主要讲述了九个有关"想"的工具,我们可以将它们归为两类:一类是有关总结分析能力的工具;另一类是有关推导判断能力的工具。

1. 有关总结分析能力的工具

"要因复盘思考法"——找要因,通过追问为什么,分析问题出现的根本原因;深入复盘,通过重新演绎事情的经过,发现问题、改进问题,从而总结经验,获得成长。

"要素排序思考法"——将每件事中包含的要素拆分成四类:必备要素、期望要素、魅力要素和无差别要素。这种方法会帮助我们在面对复杂任务时,提高办事效率。

"批判思考法"——通过看出处,辨别信息的有效性;觉察结论的背景和其中隐藏的信息;看表达者的立场和利益来甄别信息的真伪。除此之外,我们还要建立多元的评价标准。

"结构思考法"——自上而下演绎思考法和自下而上归纳思考法。自上而下演绎思考法强调由总到分地思考,包含三个步骤:寻找分析的角度,或者找到可以直接套用的结构;沿着每个角度,继续进行细分,一一思考对应的内容；查漏补缺，形成可行的方案。自下而上归纳思考法强调由分到总地思考，通过归纳分组，让复杂问题简单化，我们需要把有相同属性、特点的信息归为一类，提炼共性、按组处理，从而理清行动思路，提高执行效率。

2. 有关推导判断能力的工具

"结果倒推思考法"——设定目标；不断思考达成目标的前提条件，不断向下拆解；得出现阶段可以执行的任务。运用这个方法就要站在未来、经营当下，以目标为导向来细化行动路径。

"对标框架思考法"——对标、提框架和定指标。这是快速掌握新知识、新技能的思考方法。

"发散创意思考法"——进行多维度探索；当找不到思考角度时，运用"七何思考框架"，问自己七个问题：何人在何时何地，为何干了何事？如何干的？需要多少资源？

"逆向思考法"——关于优劣势的逆向思考；关于顺序的逆向思考；关于状态的逆向思考。这个方法就是要教会我们从常规思路的反面思考问题，找到创造性的解决思路。

"过程决策思考法"——把一个事情的决策过程分成三段：思考事情前面的1/3时，仔细观察，建立"基本的决策标准"；思考事情中间的1/3时，验证之前建立的标准，如果有误差，就稍作修正；思考事情最后的1/3时，找到符合决策标准的决策对象，第一时间决策，摒除完美主义思想。

思考的深度，决定人生的高度！希望这九个工具能帮助大家快速看透问题的本质，轻松应对工作中的各种难题。

提到深度思考，不得不提及创新和人工智能！人工智能将代替越来越多的职位，但在短时间内还无法独立做创新、创造方面的工作。我给很多企业做过创新、创意方面的咨询和顾问,有丰富的经验和诸多感悟,如果大家的企业正面临转型,正好有这方面的需求,欢迎扫描下方微信二维码跟我在线沟通。

第四章

会做：
好方法意味着高效率

- 别人工作得很轻松，可自己每天都很累；
- 工作事务很多、很杂，时间总是不够用，完不成任务，压力越来越大；
- 面对复杂一些的项目时，总找不到切入点，捋不清工作流程，不知道从哪里入手；
- 面对关键任务时，注意力难以集中，效率上不来，不得不加班；
- 设定了目标，也做了计划，但计划赶不上变化，做着做着，就偏离了目标。
- "会做"的人很少遭遇以上问题，学会了做事方法的人会很快化解这些问题。

方法不对，努力白费

在"做"这个问题上，我发现职场人会遇到很多苦恼：

别人工作得很轻松，可自己每天都很累；

工作事务很多、很杂，时间总是不够用，完不成任务，压力越来越大；

面对复杂一些的项目时，总找不到切入点，捋不清工作流程，不知道从哪里入手；

面对关键任务时，注意力难以集中，效率上不来，不得不加班；

设定了目标，也做了计划，但计划赶不上变化，做着做着，就偏离了目标。

……

这些问题越来越让职场人感觉到紧迫、心力交瘁、喘不过气来。其实，让我们身心俱疲的苦恼来自五个方面的不当管理，即任务管理混乱、时间管理缺失、流程管理低效、注意力管理忽视、目标管理缺乏标准。面对这些问题时，我们就需要一套系统、有效的工作方法，帮助我们提升工作效率。

"会做"就意味着拥有好方法，好方法意味着高效率！与科学理论相比，对工作影响更大的恐怕还是科学的方法。

有谋有略，游刃有余

好方法能使我们更好地运用天赋的才能，而拙劣的方法则可能阻碍我们释放自己的潜质。

大家还记得上学时那些用功、努力却名落孙山的同学吗？其实他们不是不够用功、努力，而是用错了学习方法。在工作中也如此，那些埋头苦干的人不一定会有骄人的成绩，只有善于用对的方法工作的人才能受到青睐，才能赢得未来。

工作中，我们欣赏那些花费了大量时间，加班加点做成一件事的人，但我们更敬佩那些在上班时就高效完成任务的人。那些优秀的人都能做到这一点，他们非常善于规划和整理自己手头的事务，总能在短时间内做成一件事，在规定的时间里达成目标。他们之所以不用加班加点，就是因为他们掌握了高效工作的方法和策略，并把运用好方法变成了自己的工作习惯。我们能掌握并熟练运用这些高效工作方法时，也能像他们一样成功。

有人说，是否"会做"，是专业能力的问题。我想告诉大家的是，是否"会做"，不仅受专业能力的影响，更受工作方法的影响。专业能力要训练，方法更要学习。

专业能力，就像一把把刀，是武器，本身就具有杀伤力；而方法，就像一块块磨刀石，能把那些名为专业能力的武器磨得锋利无比，让我们用起来更快、更利落。所以，我们不仅要拓展、训练专业能力，让我们的武器多样化，更要学习和掌握好方法，让我们能在使用这些武器时所向披靡。

在职场中，只有善于把能力工具化的人才更受青睐，才能赢得美好未来！

方法不对，总会绕路

还有人说："我觉得自己的工作方法很不错，还需要修炼更多的工作方法吗？"我们先来看一个小故事。

我们瀚霆公司搬到现在的办公楼已经将近两年了，我每周都有两三天会从东莞的家开车到广州黄埔的新办公楼，每次都走同一条路线，在我自己看来，我对从东莞开车到广州黄埔已经轻车熟路了。

有一次，我爱人将车开回湖北老家，我第一次从家里打出租车去办公楼。出租车司机载着我走的路和我原来一直走的路线完全不同，于是我就开始和司机聊我平时是怎么走的。没想到司机说："你那样走，至少多绕了8公里。"我当时就有点不信，我自认为对去现在的办公楼的路已经了如指掌，难道我一直在绕路？而且我每次多走的路有8公里，就这样绕路走了将近两年，这怎么可能呢？

我有点不能接受自己经常绕路的事实，所以马上打开手机地图开始查询，仔细对比了两条路线后，发现自己真的每次都多走了8.2公里路。我只能一边感叹自己自以为是，一边赞叹司机专业、判断精准。

后来回想起这件事时，我发现大多数人不都有认为自己轻车熟路，却常年绕路的时候吗？很多职场人在工作时都会走弯路，我们可能在自己的工作岗位上已经干了很多年，甚至累积了一套自己的经验和心得，但是我们一直在用的那个方法，可能让我们常年走着大弯路。大部分人可能难以接受这样的说法，但事实就是如此。

不管我们认为自己对某条路线有多熟悉，都一定要明白，我们比不上专职司机。很多时候我们熟悉的路线不一定是能最快通过的路线。专职司机比常开车的人厉害的地方并不在于他们开得更好、更快，而在于他们知道的线路更多，能准确地知道某一时刻选择哪条线路是最好的。

专职司机为什么能那么清楚地知道每条线路之间的差距是多少？因为他们不仅仅要为某几个人开车，而是要为很多人开车。他们通晓路网，拥有识别最佳路线的能力。

所以，方法不对，总会绕路。只要有机会，我们一定要向某一领域的专职人员学习，尤其要向对某个领域有深入研究的人取经、学习。

好方法要在实践中不断地进化、修正，"会做"这一章要教会我们的不是死板的工具，而是可变通的、灵活运用的工作方法和谋略，这样，我们才能根据自己的现实情况选择和优化工作方法，才能干得游刃有余！

清单工作法:
清单在手,焦虑少有

大家有没有这样的经历:上司交代给你一件事,只要你还没做完,你的脑子就总会忍不住想这件事。如果上司交代给你的事情多了,你就会感觉到焦虑,总担心自己漏掉了什么或者做错了什么,直到你将所有的事情都完成了,上司对你的工作成果满意了,你才能把这些事彻底放下。

剑桥大学的一项研究表明,人脑消耗的能量十分惊人,脑的重量约占人体体重的2%,却消耗了全身20%的能量。

大脑是人的思考中心,大多数人却将大脑用于储存工作信息。大脑记忆、回忆的过程既消耗能量,又会给人带来很大的心理负担,导致人产生焦躁不安的情绪。但神奇的是,一旦我们把大脑要记忆的事件用笔写下来,我们就会很安心地放下这件事,我们的大脑就会像电脑一样,空出很多存储空间,好好思考、专注于做事。

清单即是一种帮大脑记忆、减轻大脑负担的工具。"清单工作法"可以帮助我们在思考工作时细致入微,安排工作时有条不紊,执行任务时思路清晰,成为不焦虑、零贻误的职场高手。运用"清单工作法"的关键就是帮助大脑脱离记忆的泥潭,让大脑的功能回归到思考和计算上来。

我们要让清单充当按摩师(帮我们解压)、严格的教练(督促我们完成工作），以及救生员（避免我们出差错）。只要学会有效列清单，哪怕我们的状态再不好、头脑再空白，执行任务时都可以思绪清晰，让工作任务条理分明。清单在手，我们就可以少走冤枉路，少做冤枉事，因为有了清单，面对任何状况，我们都会胸有成竹。

"清单工作法"三步骤

如何将这种听起来神奇、好用的"清单工作法"应用到工作中呢？很简单，分三个步骤：

1. 罗列任务

把我们计划完成的事情，以"动词+对象+目的"的格式逐一罗列在一张纸上，确保任务清单上的内容清晰、具体。

比如，"联系摄影机构"就不如"致电摄影机构，确认拍摄价格和拍摄时间"清晰、具体，既说清了联系的方式是打电话，又明确了打电话的目的是确认拍摄价格和拍摄时间。

2. 归类合并

罗列完任务后，我们可能会发现，有些事情是相关的。我们可能在完成A任务时，就能顺便完成B任务的一部分，所以我们可以适当合并这样的任务。

比如，清单上有：A.给客户发送活动邀请函；B.购买活动用的花篮；C.确认出席人数。其中，发邀请函和确认出席人数可以合并为一项——给每位受邀客户发送一份邀请函后，致电客户，确认出席人数。这样的做法既能向客户表示诚意与重视，也能顺便提前确认对方是否有空出席，不会遗漏对任何一位客户的邀请和到场确认，也能给后续的安排留出可调整的空间和时间。

3. 按照需要完成的时间，排定优先级

我习惯按事情需要启动的时间来排定顺序，如果我需要在早上9点40分参加一场电话会议，我就会在这个条目的左边标上"9：40"。这样一来，我在会议开始之前就不会为了这件事情分心。

我们还可以根据重要性，将没有固定时间安排的工作分为A、B、C三级（A级为最重要的事），如果A级中包含两件事，就可以在这两件事的条目前标注A1和A2；如果B级中包含三件事，就可以在这三件事的条目前标注B1、B2和B3。做具体工作时，要从最重要的A级工作开始做，把C级工作放在最后或者休息时间处理。

一日之计在于清单

在使用"清单工作法"时，需要把握三个原则：

第一，列清单不是写流水账，任务清单中每天要执行的任务有五项为佳，最多不超过七项，尤其放在A级中的事件条目不要超过两项。只有执行到位，清单才有价值。

第二，将事件列进清单时，需要遵循一个关键原则：动词开头。比如，要写"搞定618活动海报"，而不是写"京东618活动海报"。

第三，保持清单的弹性，尽可能地预留出一些时间。总有我们没料到的临时工作会突然出现，这时，我们预留出的时间就能派上用场了。

对于各行各业的职业经理人、企业家等"成功人士"来说，清单对于他们来说是不可或缺的配置，是他们的日程"调派中心"，是他们工作有条不紊的保证。

一日之计在于清单。我总习惯在每晚睡觉之前用以上三个原则把第二天的工作清单列好，不论多晚，我都不会省略这个步骤。这样，我第二天只需要花一两分钟快速浏览清单，确认当天任务的执行顺序，就可以火力全开地进入工作状态。在我面前，清单就像导航一样，会清楚地告诉我某一天要从哪里出发，到哪里去。

那"清单工作法"还可以用到哪些场景中呢？可以说无处不可用，我们可以用这种方法来做读书清单、采购清单、出差的物品清单，年度目标清单、会议流程清单等。

> **核心要点**
>
> "清单工作法"分三步：罗列任务；合并归类；排定优先级。还需要注意三个原则：列入清单的任务最多不超过七项；用动词作为任务的开头；保持清单的弹性。
>
> 当我们完成一件件事，把清单上的任务一项项划掉时，心中涌出的成就感会让我们对工作和生活更加积极，也会让焦虑感化为乌有。
>
> "清单工作法"可以帮助我们用一张表、一支笔，把心稳住，不茫然，不焦虑，不贻误工作。希望"清单工作法"能帮你减轻焦虑、理清工作思路，成为有条不紊的高效能人士。

时间矩阵工作法：
好钢用在刀刃上

大家是否有过这种经历：每天埋头苦干，忙到连厕所都忘了上，但仍然觉得时间不够，不得不通过加班凑工作时长？

很多时候，加班看似是因为事情太多、时间不够用，其实只是因为用错了时间管理方法，导致自己瞎忙一场，最后只能用拼命努力的姿态，来掩盖时间管理能力的缺失。

有这么一个职场故事：一个部门经理患了心脏病，只好遵照医生的嘱咐，每天只工作两个小时。但他很惊奇地发现，这两个小时所做事情的质和量与以往每天花费八九个小时所做的没什么两样。后来，他得出一个结论：因为工作时间被迫缩短，他只好将有限的时间，用在最重要的工作上，这就是他能够用两小时完成平时用八九个小时才能做完的工作的主要原因。

"时间矩阵工作法"就是要帮助你成为时间管理的高手。

艾森豪威尔被认为是非常懂得利用时间的总统，他以干练、高效著称。相传，他每天都会在纸上画一个十字，将一面白纸分隔出A、B、C、D四个区域，把自己当天要做的事分别放进相应的区域中，分区处理。有些区域的事，他会亲自处理；有些区域的事，他会亲自抓一部分，交给他助手一部分。

这个方法让他在白宫期间游刃有余地处理各种繁杂事务,工作和生活两不误。

"时间矩阵工作法"的分区执行逻辑就是这么简单。其关键在于将事情放入对应区域的依据是什么,做每个区域的任务时要采取怎样的执行方式。

救火区(A区):紧急又重要

A区,属于救火区,这个区域的事情需要我们亲自做,马上做。

一般来说,事情被放在这个区域中,通常是因为时间紧迫,影响重大,会给人一种"再不做,就要出大事"的感觉。

比如,突然要做的危机公关、明天要向总经理汇报时用的PPT、下周就要提交的投标方案等。这些都是救火区的事情。

未雨绸缪区(B区):重要不紧急

B区属于未雨绸缪区,这个区域的事情需要我们纳入计划,提早做、认真做。

很多创业者、职场人总觉得每天一睁开眼就像要打仗一样,忙不完的事、层出不穷的各种问题、突如其来的临时事件都搞得他们手忙脚乱。但其实忙或许只是我们的一种虚幻感,忙的根本原因是我们缺乏未雨绸缪的意识,也就是,我们没有做好一些事情的规划。

比如,你没有及时导出一个月前的会议录音,将其正确命名、归档,导致今天老板问起时,你花了两个小时,翻遍了电脑中的各个硬盘才找到。如果你在会议结束后,能将录音及时导出来,命名、归档,是不是就能少浪费一些时间了?

导出会议录音这样的事情就可以果断放进未雨绸缪区中,提早处理。记住:未雨绸缪,才能少救火。

需要强调的是,未雨绸缪区的事情虽然不紧急,但至关重要。从长远的角度看,这个区域的事情,比救火区的事情更有价值。

比如,公司让你负责邀约参加今年年会的老客户,那么你从年初开始,就要与他们保持联络,尤其是在节假日等重要的时间节点,要问候老客户。不然,到了年底,你临时抱佛脚,匆匆联络老客户时的邀约成功率可能就很低了,你的邀约目标也就很难完成。

如果这时,你竞争对手的客情维护做得比你好,就可能会把你的老客户吸引到他们的怀抱中。可见,未雨绸缪,是需要我们用长远的眼光办事。

未雨绸缪区的事情还包括哪些呢?比如,每周必须检查项目的进度和风险控制,招聘、培养优秀的人才,及时做好"五项修炼"的学习和精进,等等。建立未雨绸缪的意识,就是要把时间优先花在这些看似不紧急的重要事情上。

等候区(C区):紧急不重要

C区是等候区,我们可以将这个区域中的事情授权给别人做。

这个区域中的事情通常比较容易迷惑人,因为它就摆在我们眼前,令我们感觉它好像非常重要,需要立刻处理。这时,我们需要先冷静一下,仔细思考,准确判断。

比如,你是某部门总监,3分钟后,你要去参加一场高管会,突然,HR扔过来一份简历,说应聘者已经到了,让你去面试,你怎么办?其他人不能代替你参加高管会,但了解招聘职位要求、岗位职责又有面试经验的同事都可以帮你去面试。所以，你可以授权一位有经验的经理替你处理面试工作，自己去开会。

闲事区（D区）：不紧急不重要

D区属于闲事区。你需要少做，甚至不做这个区域内的事情。

那些做不做都行的事，就应该果断被放进闲事区里。比如刷朋友圈、和同事商量下班后去哪儿吃饭等。

当然，管理好时间不等于始终神经紧绷地工作，这里有一份时间分配数据供大家参考：

D区的事情能不做就不做；将C区的绝大部分事情授权给下属做，让这个区域中剩下可以用10%的工作时间做完的事情；把50%的工作时间花在B区的重要事情上；用40%的工作时间搞定A区中重要又紧急的事情。

用"时间矩阵工作法"做时间管理一段时间后，我们会发现，原本需要用5天才能完成的事，可能用3天就搞定了。

当然，凡事都有例外，以下这种特殊情况，就需要我们灵活处理：

一些事情虽然不算紧急，重要程度也一般，但它们非常简单，可能用3分钟就能处理完。遇到这样的事情时，我们就可以利用碎片时间，先快速处理这些事情，甚至将它们排在A区事情的前面。这样，我们就可以腾出更多的时间和精力处理A区、B区中的事情。

比如，今天你要做的几件事中有两件事属于A区，但这两件事处理起来会比较耗时间。有两件事虽然不属于A区，却可以在10分钟内迅速完成。这时，你就可以优先处理那两件比较容易的事情。这样做，一方面，能及时减轻你的记忆压力，让你的大脑腾出空间，保持思考的能力，专注地对待其他事情；另一方面，短时间做完一件小事，还可以提升成就感。

"时间矩阵工作法"要求我们把要做的事分成四个区,按不同的策略执行。

救火区的事,亲自做,马上做。

未雨绸缪区的事,提前做,认真做。

等待区的事,可以授权给别人做。

闲事区的事,少做,甚至不要做。

甘特图工作法：
灵活调整行动，提高协作效率

大家是不是通常将工作任务记在笔记本上，或者列个日程表，然后按期执行？面对简单的任务时，用这样的方法或许还能应付。但随着我们负责的事情越来越多，各种工作要交叉进行，这样的方法似乎就不能在恰当的时间节点及时地为我们提供工作进度提醒和工作成果的快速评估了。如何能精准把握工作进度，灵活调整工作重点呢？

"甘特图工作法"不仅能帮我们解决上述难题，还能让我们与其他同事更好地协作。

甘特图，又称为条状图，是以提出者亨利·甘特先生的名字命名的。原始的甘特图主要用于大型建筑工地和项目现场，相对复杂。

而我们要学习的"甘特图工作法"只需要我们掌握六个核心要素和三个步骤，做到了这些，我们就可以轻松上手，按图游走。

六个核心要素分别是：

任务标题、执行的具体事项、负责人、所需时长、最后期限、工作日历。

三个步骤分别是：

第一步，罗列任务，清楚内容。

第二步，建立坐标，填充要素。

第三步，执行调整，定期更新。

罗列任务，清楚内容

这一步包含两件事：第一，把我们需要完成的工作任务以标题的形式逐一写下来；第二，把完成每个任务的工作流程或需要做的具体事项写在任务下面，方便我们直接管控细节。

比如，你要举办一场以"财富"为主题的讲座，你的工作任务标题就是"举办财富主题讲座"，那么讲座流程设计、联系场地、邀请嘉宾、敲定讲座题目、制作物料等就是在执行这个任务的过程中需要完成的具体事项。

建立坐标，填充要素

首先，在一张 A4 纸或者是 Excel 上，建立一个坐标（画一张表）。纵轴表示工作内容（工作内容包括上一步列出的标题加具体事项），横轴表示任务内容、负责人和所有关于时间的要素（项目栏内填工作内容，表头内填任务内容、负责人和所有关于时间的要素）。

然后，在横轴上（表格的第一行内），写上项目内容、负责人、所需时长、最后期限，以及项目周期覆盖的具体日期（工作日历）。其中，"所需时长"的单位可以是"天"，也可以是"周"，我们可以根据任务需要或者自己的习惯，灵活决定。

在纵轴上（表格的第一列内），把任务标题和需要执行的具体事项逐一填入。

最后，将做每项工作所需要的时间、对应的负责人、最后期限等逐一填入对应的位置，同时将抢眼的色块覆盖在每项工作对应的具体日期上，方便我们快速、直观地了解项目进度,及时提醒自己工作内容,灵活调整工作进度。

做完这一步,一张属于我们自己的工作地图就基本完成了,而且脉络清晰、主次分明。

我们可以根据 2017 年上半年项目工作计划甘特图这个示例,来更好地理解这个步骤(见图 2)。

项目内容	总负责人	所需时长(周)	最后期限
Deliver Skill Training			
• **Selling skill training**	小A		
1) Participants information	小A	1	1月7日
2) Logistics of training	小A	3	1月15日
3) Roll out training	小A	4	2月5日
4) Reports	小A	3	2月26日
5) Follow up training result (refer training effectiveness)	小A	17	6月25日
• **Key Account Management**	小B		
1) Participants information	小B	4	2月26日
2) Logistics of training	小B	3	3月12日
3) Roll out training	小B	2	3月26日
4) Reports	小B	2	4月9日
5) Follow up training result (refer training effectiveness)	小B	11	6月25日
Well Control Training Budget			
1) Get T&E projection monitor report from sales support	小C	1	
2) Updated Training budget	小C	1	
Field Coaching System			
1 Joint call template ready for inputs	小D	1	1月29日
2 Get inputs from training team	小D	1	2月5日
3 Contents updated for SD review	小D	1	2月12日
4 SD review and approval	小D	1	2月12日
5 Joint call template issue to field force	小D	1	2月26日
6 Follow up and refine coaching system	小E		
1) Communication with field force for feedback	小E	2	4月30日
2) Draft coaching guideline (frequency,setting target,evaluation etc.)	小E	3	5月14日
3) Get inputs from national training manager and team	小E	5	6月4日
4) Discuss with field force	小E	5	6月4日
5) Revised the draft for SD review and approval	小E	5	6月4日
6) Deliver to field force	小E	2	6月25日
7) Evaluation and joint call	小E	2	6月25日

图 2　2017 年上半年项目工作计划甘特图

执行调整,定期更新

一些工作任务的完成不需要协作。调整与这部分工作内容相关的工作地图时,我们只需要对这张工作地图中的"所需时长"和"最后期限"进行评估,问问自己能否按设定的期限完成工作任务。如果答案是肯定的,那我们就可以开始按图执行了。

还有一些工作任务是需要同事之间或者部门之间协作才能完成的。调整与这部分工作内容相关的工作地图时，我们可以抽个时间，让每项任务的负责人把工作内容和时间节点沟通清楚，将工作地图调整合理后，再执行。

调整完毕后，我们可以将甘特图打印出来，张贴在办公区最显眼的位置上，让每位项目参与者都能对自己所负责的工作内容以及每项工作任务和整体项目的进展一目了然，从而提高团队的协作度。

我们可以在每周五或者每个月月末，检视、更新甘特图。

比如，你计划在一个月内完成一个系列的主题微课的上线策划，这周的工作任务是要完成所有课程的录制，那么你在检视之前制订好的甘特图时，就可能会发现如下三种情况：

第一种，正常完成。在这种情况下，你就可以把本周对应这项任务的时间块涂成实心的。

第二种，超前完成。你不仅完成了录制工作，还完成了 1/3 的内容剪辑工作，那除了把本周对应录制课程的时间块涂成实心的外，你还可以把本周对应内容剪辑工作的时间块的 1/3 涂成实心的。

第三种，进度滞后。你可能计划完成 12 节课的录制，结果只完成了 9 节课的录制，那么你只能把本周对应录制课程的时间块的 3/4 涂成实心的。这样的做法一方面可以提醒你下周要加快进度；另一方面，也会提醒你要分析任务没完成的原因，看看是哪个环节掉链子了，是因为没有和讲师协调好录制时间，还是设备出了问题。查明原因后，要及时调整。

> **核心要点**
>
> 学会用"甘特图工作法",就是要会画工作地图。它可以帮助我们直观呈现任务的整体规划和细节,清晰展示各项任务间的关系,让任务参与者对工作进度和工作的关键节点一目了然。这样,大家在完成任务的过程中遇到问题时,也能灵活调整行动,提高协作效率。用"甘特图工作法"的三个步骤分别是:
>
> 第一步,罗列任务,清楚内容。
>
> 第二步,建立坐标,填充要素。
>
> 第三步,执行调整,定期更新。

番茄工作法：
营造和时间赛跑的氛围

大家是否遇到过这些情境：

同事过来问你问题，一聊就是半小时。

拿起手机，想找一位客户的电话号码，半小时后，发现自己居然在刷朋友圈。

本来想用一个小时写完工作报告，结果一会儿喝口水，一会儿上次厕所，大半天过去，才写了两行，眨眼间，下班时间到了，你开始后悔。

总发现自己处于这类情境中怎么办？

注意力涣散的本质是对时间的感知能力不足，难以专注，再加上有拖延的坏习惯，很多时候，我们还没反应过来，时间就已经溜走了。

"番茄工作法"就可以帮我们提升时间感知力，以 25 分钟为单位，让我们专注地完成当天必做的事项。每 25 分钟被称为一个番茄时间。"番茄工作法"特别适合在容易拖延、注意力分散的场景里使用。

一个番茄时间的意义

用"番茄工作法"有三大好处：

第一，提升专注力。用25分钟倒计时的方法，巧妙地调动了人的紧迫感。我们参加考试时，如果一看表，发现距离考试结束还有10分钟，紧迫感就会大增。有拖延症的人可能更加熟悉这种被剩余时间逼迫的感觉，周一就要交工作汇报了，有拖延症的人可能要周日晚上熬夜到凌晨两三点，才能把汇报写完。

第二，减轻压力。如果我们要完成一项需要很长时间才能做完的任务，那我们就会因为感受到压力而产生拖延的心理，总想着先缓一缓再做吧。但是，如果我们把一项大任务的时间拆解成几个25分钟，我们的压力就小很多。专注于每个25分钟，每完成一个番茄时间的任务都是对自己的一次正面激励，这样的激励会让我们一步一步地攻克大任务，克服拖延症。

第三，建立时间感知力。以标准的25分番茄时间计时，会让我们逐步建立起完成一个任务要花多长时间的时间感知力。有了这样的时间感知力，我们的工作效率也会提高。

怎么用"番茄工作法"呢？要按三个步骤做：

第一步，确定必做事项。

第二步，用番茄钟执行。

第三步，在复盘中调整。

如何确定必做事项

用"番茄工作法"的第一步就是要罗列每日待办事项，确定必做事项。完成这一步的关键是把每天一定要完成的事情挑选出来。

首先，准备两张表格，分别是"工作计划表"和"今日必做任务表"。

然后，把我们当天要做的所有事情一一列在第一张表格中，这张表格就是"工作计划表"。

最后，从"工作计划表"里筛选出当天一定要完成的3至5件事，可以参考前面讲的"时间矩阵工作法"进行筛选。将筛选出来的事情填入第二张表格，这张表格就是"今日必做任务表"。

如何用番茄钟执行

运用"番茄工作法"的第二步就是在设定的番茄时间内不中断地执行任务。

把注意力集中在眼下的一件事情上是提高工作效率最有力的保证。所以，做这一步的关键是不能中断，这也是运用"番茄工作法"的过程中最重要的一步。

那如何避免在25分钟内中断任务的执行呢？

一位管理者曾透露，他的高效秘诀是："我严格规定，在我和客户谈话时，除了国家最高领导人和我的夫人外，秘书不得接入任何人的电话。国家最高领导人不会打来电话，我的夫人深知我的脾气。所以无论发生了什么事，我的秘书都要等我谈完话再告诉我。"

我们可能没有秘书，但我们可以买一个"番茄钟"，也可以到手机应用商城里下载一个番茄钟APP。设置好番茄钟，在一个番茄时间内，只要没有发生火烧眉毛的事情，我们都必须专注于手头的事情。直到计时器提醒我们25分钟到时，我们才可以做其他的事情。

只要我们没有在一个番茄时间内中断任务执行，我们就可以在表格中对应的任务后打个钩，作为番茄奖励。

如果我们在执行任务的过程中真要中断番茄时间，怎么办？一般来说，中断出现的原因大致有两类——自身原因导致的"内部中断"和因为外界的人或事物导致的"外部中断"。我们可以用不同的方法来应对不同原因导致的中断。

第一种，如果出现了"内部中断"，我们可以先接受，后记录，然后继续工作。

比如，你在写报告时，突然想起来："哎呀，今天要给李经理打电话，让李经理确认货款。"这种临时想起来但又必须完成的工作就可以被归类为"计划外的紧急事件"，你要在"今日必做任务表"下方写上"致电李经理，确认货款"，在这一条前加一个三角符号来表示这是计划外的紧急事件，然后继续写报告。

第二种，如果出现了"外部中断"，我们可以先告知，后协商，记录之后继续工作。

比如，同事突然问："有件事想和你商量一下，有空吗？"对于这种情况，你可以根据一个番茄时间内剩余的时间说："××分钟后，我再主动找你聊，可以吗？"

总之，尽量在1分钟内结束对话，在"工作计划表"中添加对话中的任务，并在这项任务前标上一个"W"，然后继续工作。当然，如果同事和你沟通的是当下非做不可的事，比如老板正在办公室里等着你开会，那么你还是要作废当下的番茄时间，先去处理紧急事件。

另外，每个番茄时间计时结束后，一定要休息5分钟；每4个番茄时间计时结束后，要休息半小时。休息的过程就是恢复注意力的过程，也是为下一个番茄时间积蓄能量的过程；同时休息也能够让大脑从专注的状态切换至发散思维的状态，我们可以在休息的状态中获得创意和灵感。所以有识之士曾说："会休息的人才会工作。"

在复盘中进行调整

这一步不仅能让我们在未来执行任务时的中断率大大降低，还能提升我们对时间的感知力。这一步的关键，是找出中断的根源，制定调整策略。

我们可以从以下三个方面着手调整：

第一，对番茄时间和番茄奖励，进行复盘。

每天工作结束前，我们可以回顾一下，我们在这一天一共用了几个番茄时间？其中有多少个是完整的？完整的番茄时间分别出现在哪些时间段？这些番茄时间能保持完整的原因是什么？总结出成功的原因。

第二，对被打断的番茄时间，进行复盘。

作废的番茄时间有几个？作废的原因是什么？被打断的番茄时间有几个？其中"内部中断"和"外部中断"分别有几次？对此，我们会做出什么样的调整计划？在"今日必做任务表"之外，我们还处理了几件临时紧急事件？如何避免这些事件的出现？将总结好的原因和调整计划写下来，作为第二天列表的依据。

第三，对用了三个及三个以上番茄时间的任务，进行复盘。

可以将这些任务拆分成用更少的番茄时间就能完成的任务吗？如何减少番茄时间，提高整体效率？将思考的结果写下来。

将以上复盘结果分条记录在"今日必做任务表"中的复盘总结框内，定期回顾。没有什么比感受到自己的成长更能驱动自己前进的。

"番茄工作法"就是以25分钟为时间单位，专注必做事情的方法。运用这种方法要做到三步：

第一步，确定必做事项，列出"今日必做任务表"。

第二步，用番茄时间不间断地执行。

第三步，在复盘中调整执行策略。

流程工作法：
如何设计直达目标的流程

职场中的工作基本分为两种：偏事务性的和偏业务性的。

起初，人们做事务性的工作时经常出现纰漏，后来优秀的管理者想出了一个办法——将事务流程化，并将流程固化。这种方式会减少人们需要记忆的工作步骤，以及由于个人情绪不稳定而导致的工作纰漏。很多体系成熟的事务性工作都有方便、实用的工作流程，比如做财务工作有流程，做仓管工作有流程，等等。

可能大家会说，做事务性工作才适合用流程化的方法吧？偏业务类的工作跳跃性大，做这种工作需要面对很多不确定的因素，比如情感因素、社会环境因素等，流程化的方法在业务性工作中可能起不了什么作用。

其实不然，无论我们要面对的是人还是事，我们所做的事务性工作和业务性工作中都有一些部分是相对固定的、需要我们重复做的。只要我们能将这些相对固定的事情进行流程化处理，就能在一定程度上提高工作效率。

销售是典型的业务性工作吧？拜访或者接待客户这项工作中是不是存在各种不确定因素？但是，拜访或接待之前的准备工作中是不是有相对固定的部分呢？

比如，销售人员的着装、销售话术、可能遇到的问题总是相同或相似的。他们在拜访或者接待客户之前总要提前分析客户情况、思考各种情况的应对策略，思考和把控谈话内容的导向。这些工作都是可流程化处理的。

很多优秀的销售型公司就是通过让这类工作流程化，才保证了新人能快速上手以及员工在做同一件事情时都能产出高品质成果。

"流程工作法"三要素

既然做事务性工作和业务性工作都能使用"流程工作法"，那么有没有设计工作流程的诀窍呢？

在我看来，要找到运用"流程工作法"设计流程的诀窍，首先要理解将这种方法应用于实际工作中要重视的三个关键要素：流程、节点、元素。

流程——就是做各项工作的顺序。通俗点讲，就是先做什么，后做什么。

节点——就是每个环节、步骤。一个完整的工作流程是由一系列的工作节点组成的。

元素——就是要让每个节点的工作成果达到标准和要求。

如果用一串珍珠项链来打比方，那么节点就是项链上的一颗颗珍珠；元素就是对每颗珍珠的大小、颜色、纹路的要求；把一颗颗珍珠串起来后得到的一条长度、成色达标的珍珠项链就是流程。

我们根据这三个要素把运用"流程工作法"的步骤分成三步。流程是从工作中来的，要回到工作中去的。在使用"流程工作法"执行实际任务时，要不断优化这三个要素。

"流程工作法"三步骤

1. 梳理流程、制订节点

任何项目的价值都是在流程中实现的。没有流程,我们的项目就会"流产"。所以我们在执行任务之前,首先要梳理流程。

如果我们缺乏成熟的经验,那么当我们接到一项任务的时候,我们的脑袋里可能只有一些零散的行动思路。这时,我们就要先把能想到的都罗列到一张纸上。不用担心自己会将行动思路的顺序写得混乱。罗列完后,我们就可以开始整合这些零散的行动思路了。想好第一步做什么,第二步做什么,第三步做什么,每一步就是一个小节点,用节点来让你的行动思路变得清晰。

节点让每一步的具体任务、时间和责任人都更加清晰。

比如,你设计一张"双11"的宣传海报,就要分出选择创意、撰写文案、美工设计三个节点。每个节点的起止时间和对应的负责人都必须明确,不然每个节点的工作就无法保质保量按期完成。

明确了这一步,这项任务的流程雏形也就基本出来了。

2. 以终为始,填充元素

如果说流程和节点构成的是骨架,那么元素就是肌肉、血管,用来填充一个人的躯体,让它看起来更形象、更具体、更有活力。

每个节点都有它存在的作用和意义,我们可以根据想要获得的效果,来填充元素,即设计每个节点具体包含哪些事情,这些事情要怎么做,以什么样的标准做。

如果某个节点需要通过合作完成,那么我们就需要在它所包含的每个任务元素后面附上配合人或负责人,以保证每个元素的任务有效执行。

比如,设计"双11"宣传海报时,确定了"选择创意、撰写文案、美工设计"三个节点后，你还需要知道每个节点上有哪些具体元素。

以"撰写文案"这个节点为例，文案负责人需要明确几个核心的要素。海报是给谁看的？需要向对方传达什么信息？是做长海报还是做横幅广告图？期待客户看了之后有什么感觉？从这一系列的问题中，文案负责人就可以获得文案的"肌肉和血液"。只有将一个节点中每个元素的任务做好，让它们达到标准，这一个节点的工作才算真正完成了，元素填充的效果才能体现出来。

一定要围绕做事的目标来设计元素，保证每个元素都是以结果为导向的，避免做不必要的动作。

3. 梳理逻辑，避免出现纰漏，提前做应对意外的准备

定好"流程、节点、元素"后，你就可以用"会想"一章中的"结构思考法"再推演一下，流程中有没有逻辑漏洞？有没有衔接不合理的地方？这个流程还有没有优化空间？同时，要提早思考可能发生的意外，做好备用计划，确保执行过程中流程的完整性。比如做"双11"海报时，你就可以请设计师设计两种风格的海报，以免和竞品撞色。

流程中的所有任务执行完后，你还可以运用"要因复盘思考法"，对各个节点以及其中的元素进行再评估，及时调整或删除那些不增加能量、不创造价值的元素，为下一次做相同或相似的工作提供流程模板。这样，下次再做同类工作时，就可以少走弯路，并且做得更好。

需要提醒大家的是，在运用"流程工作法"时，最好把能想到的流程、节点、元素都写下来，以便我们在实际工作中能及时调整修改方案，参照流程执行。

运用"流程工作法"的范本

我们来看一个运用"流程工作法"的经典案例。

接听客人的订座电话应该是件挺简单的事吧？

但海底捞为这项"简单"的工作设置了非常清晰的工作流程。员工只要按流程接听订座电话，就算第一天入职，第一次做这件事，也能做得和老员工一样有效率、有品质。

海底捞员工接听客人订座电话的工作流程是什么样的呢？

首先，从拿起电话，到发送成功预定的确认信息，海底捞把整个过程切割成11个节点（见表1），这11个节点几乎全方位涵盖了客人在打订座电话时的所有需求。这就是海底捞在制订流程时做的第一步——梳理流程、制订节点。

接下来，他们在每个节点里都清晰地罗列出了执行细节、执行标准等元素，有的节点中还备注了参考用语。

比如，做"拿起电话"这件事情时，为了让客人像真实到店时一样，能感受到及时、热情的接待，海底捞要求员工在电话铃声响起的3声内，就必须接起电话。

又比如，因为中文的同音字很多，在"礼貌称呼客人"这个方面，海底捞要求员工主动确认客人准确的姓氏，避免因为登记错误，而与客户发生不必要的误会。如果客人说，她姓"zhāng"，员工就要立即提出："请问是弓长张，还是立早章？"这就是海底捞在制订流程时做的第二步——以终为始，填充元素。

最后，针对一些特别容易遇到意外的节点，海底捞会将"及时提醒确认"之类的提醒或参考建议添加在其后。这就是海底捞在制订流程时做的第三步——梳理逻辑，避免出现纰漏，提前做应对意外的准备。

比如，在询问预订的用餐地点是大厅还是包间时，如果客人回复的

表1 海底捞接听客人订座电话工作流程表

流程节点	执行内容	备注
1. 拿起电话		
2. 报上店名和自己的姓名		
3. 礼貌称呼客户		
4. 询问订餐时间		
5. 确定就餐人数		
6. 询问用餐地点类型		
7. 询问特殊需求		
8. 确认订餐信息		
9. 答复成功与否		
10. 道别客户		
11. 发送成功预定的确认信息		

是包间，海底捞的员工就会及时提醒道："我们的包间是要收取包间费的，因为……请问您还是要预约包间吗？"与客人确认好这一点，就可以避免客户在结账时，因为对收费情况不满，与员工产生争执。节假日满座，客人预定失败时，海底捞的员工可以根据公司提前提供的三个回应建议，灵活回复：

第一个是先委婉解释，表示歉意，然后与客人协商到店时间，并建议客人避开高峰期，提早或晚些到店，避免等座。

第二个是可以帮客人排号。做好登记，让客人在路上时，就开始排队，节约客人的等位时间。

第三个是可以主动介绍用网络排号，客人根据自己的时间随时通过网络排号，节约客人的等位时间。

有了这三个参考回应建议，如果你是接听电话的人，你心里是不是也有谱多了？

> **核心要点**
>
> 运用"流程工作法"就是要通过流程、节点、元素把零散的想法和以往的经验整合为一个系统的工作流程，方便复制、提升效率。其中包含三个步骤：
>
> 第一步，梳理流程、制订节点。
>
> 第二步，以终为始，设计元素。
>
> 第三步，梳理逻辑，避免出现纰漏，提前做应对意外的准备。

PDCA 工作法：
让工作进入良性循环

大家有没有过这样的经历：雄心勃勃地制订了某项计划，埋头苦干，有条不紊地做好每个环节的事，可一段时间后，却发现自己既没有做出成果，也没有获得进步，最终在失落中放弃了该计划。

这种"计划—实施—发现无效—放弃计划—开始下一个计划"的循环，就是我们常说的"低水平的勤奋陷阱"。

在制订计划时，我们很多时候只关注到了"执行"，忽略了"检查"和"调整"。其实，这些被我们忽略的都是具有决定性作用的环节。

"PDCA 工作法"，就是要让制订的计划帮助我们产出成果，不断增强能力，告别勤奋陷阱，提升职场竞争力。

"PDCA 工作法"中包含四个步骤，分别是计划（Plan）、执行（Do）、检查（Check）、调整（Action）。

计划（Plan）：把目标任务化

这一步的关键是确定要达成的目标，并把目标任务化。我们来看下面这个例子：

某公司给某区新任的市场总监制定了一个目标：今年要在本区内发展150～200个新代理。

经过思考，这位市场总监把今年的目标定为开发200个新代理。然后，他立刻召开部门会议，分解目标。他的团队中有10个人，他给每个人都定了开发20个代理的目标。

但两个月后，他发现，目标完成的情况并不理想。他很着急，再次召开会议，给大家打气加油。又过了两个月，情况依然没有好转。虽然同事们都很努力，但大家的工作成果距离目标还有很远。

为什么会这样呢？因为，员工希望领走的是可操作的任务，而这位市场总监下达的是还没转化成任务的目标。

"目标"和"任务"是两种不同层次的概念。

目标是面向结果的概念，主要用来讲"我们需要做什么"，是偏战略层面的事情，一般由企业的高层管理者制定。

任务是面向过程的操作步骤，主要用来讲"我们具体要做些什么，要怎么做"，是偏战术层面的事情，一般由企业的基层员工把事情做好、执行到位。

把目标转化成任务，就是要把目标转化成可操作、可实现的具体事件。

在上述例子中，新总监在把目标任务化时可以这样做：首先，他仍然可以把目标进行简单分解。比如，如果按完成目标的期限是10个月以内计算，那么他的团队平均每个月要开发20个新代理。接下来，他就要思考通过什么方式能开发出20个新代理。通过回顾之前的工作，总监发现，发展新代理主要还是要靠"拜访潜在客户"。最后，查询相关数据，探究开发20个新代理需要做哪些工作，并将具体的执行任务落实到员工的行动中。

比如，通过研究以往的数据，总监了解到，把潜在客户转化为代理的成功率是5%。如果，要发展20个新代理，那么他的团队成员每个月需要拜访的潜在客户就是 400 个，每个员工每月需要拜访的潜在客户就是 40 个。如果按 1 个月有 20 个工作日来计算，这 10 个员工每人每天至少要拜访 2 个潜在客户，为了保证转化率，每个人每天还要跟进 2 个转化中的代理。

新总监通过这样的转化过程，把"每个人要开发 20 个代理"的目标转变成了"每个人每天要拜访 2 个潜在客户和跟进 2 个转化中的客户"的具体事件，让目标的可执行性提高了许多，员工要做的事也明确了很多，也就让结果有保障了很多。

执行（Do）：把任务流程化

把目标任务化之后，我们还需要继续分解，把每项具体的任务分解成可以直接完成的具体动作。

或许大家会好奇，每个人每天走访 2 个潜在客户，一周走访 10 个潜在客户，还不够具体吗？还要怎么分解，才算具体呢？

拆到我们看到拆解出来的动作时能立即行动，就算具体了。

以每周走访 10 个客户为例，这个任务还可以被拆解成以下步骤：

第一，提前确认本周走访哪几个潜在客户，拜访的目的主要是让对方体验产品，还是介绍合作模式。

第二，在计划走访的前两天，确认对方的日程，发出到访邀约。

第三，确定走访的日期后，列出走访的顺序，规划线路以及与每个潜在客户交流的大致时间。

第四，走访前一天，致电确认对方可以接受拜访，并准备拜访时的话术和资料。

不要嫌麻烦，把流程理得越清晰，越具体，我们行动起来就越容易，结果的可预见性也就越高。

检查（Check）：让监督常规化

管理者不仅要检查自己的目标达成情况，还要检查下属的目标达成情况。让监督常规化是执行到位的一个重要保障。

如何检查呢？很简单，只需要做到"三个确认"：

第一，确认每天的任务是否执行到位。

第二，确认每周的目标达成率，建议每周确认 2 次，我们可以周三确认 1 次，周五确认 1 次。

第三，确认整体目标的达成率，建议每月进行 2 次，我们可以月中确认 1 次，月末再确认 1 次。

在我看来，检查力≈执行力。通常情况下，下属不会做领导希望他们能做到的事情，只会做领导要检查的事情。所以，在执行计划的过程中，有没有进行检查是计划能否有效执行的重要因素。

调整（Action）：让循环灵活化

计划的本质，其实是针对目标做出的假设方案。

如果说，检查是验证假设方案的可行性，那么调整就是优化假设方案，提升它落实的可能性的过程。

首先，我们要根据检查过程中的"三个确认"，总结、梳理经验。

然后，分类处理梳理出来的经验。

成功的经验继续应用，对失败的原因追根溯源。追根溯源时，可以参照"会想"一章中的"要因复盘思考法"。

最后，结合追溯到的原因，对失败的部分进行针对调整。

总的来说，调整的目的就是不断缩短现实情况与理想目标之间的差距，从而保证我们能按时完成做计划时制定的目标。

调整的方式有四种：

第一种，微调，即调整工作流程。

我们继续说新任市场总监要在一年内开发 200 个新代理的例子。如果他发现，新员工独自走访时，将潜在客户转化为代理的成功率达不到以往的 5%，他就可以将每个人都自己去走访调整为两人一起走访，通过让一个有经验的员工带一个经验不足的员工来提升转化率，同时，把每个人每天走访 2 个潜在客户，调整为 2 个人每天走访 4 个潜在客户。

第二种，中调，即调整工作策略。

如果市场总监发现，两人一起走访的效率太低，效果不好，他就可以调整工作策略。比如，把走访调整为会议营销，让一对一的模式转变为一对多的模式，以此来提高效率。

第三种，大调，即改变目标任务。

如果团队成员按市场总监的计划执行了 3 个月后，发现一年要开发 200 个新代理，实在是一项难以完成的任务，总监就要向总部申请调整目标或者抽调一批有经验的业务员来支援了。

第四种，不调。

如果我们能按计划完成自己制定的目标，就不需要再对计划做任何调整了。但这种情况很少见。

做"微调"和"中调"是解决问题的关键，因为每次灵活调整都是对原有方案的继续探索和升级，也在为下一个 PDCA 循环的设计积累经验。

> **核心要点**

"PDCA 工作法"共包含四个步骤：

计划（Plan）：把目标任务化。

执行（Do）：把任务流程化。

检查（Check）：把监督常规化。

调整（Action）：让循环灵活化。

KPI 工作法：
帮你一步步实现目标的扎实方法

提到 KPI，很多人第一时间想到的是各种指标和考核，达到、完成各种指标和考核总让人感觉很复杂。但用"KPI 工作法"明确工作重点、一步步接近目标只需要把握"一个定律，两个标准，三个步骤"。

一个定律

一个定律指的是"二八定律"，它多指，在一家企业里，80% 的价值大多是由 20% 的骨干人员创造的。其实，这个定律也同样适用于阐释我们完成每项工作时的情况——我们 80% 的工作成果实际上是由 20% 的关键行为完成的，这些行为常常发生在"关键结果领域"。所以，必须把握住这些关键行为，以关键行为需要达到的标准为工作考核的"关键绩效指标"，也就是 KPI。

两个标准

1. 我们设定的 KPI 必须限量

数量一般为 3～5 项，最多不能超过 7 项。一个人的精力是有限的，想什么都抓的时候，往往什么也抓不到。

2. 我们设定的 KPI 需要符合"SMART 原则"

"SMART 原则"是德鲁克先生提出的管理和衡量目标的五个维度，我们在设定 KPI 后要以"SMART"原则为根据，问自己五个问题：

· 明确具体的（Specific）。我们定的 KPI 是清晰具体的，还是模糊笼统的？

· 可衡量的（Measurable），我们定的 KPI 可否用数字进行清晰地衡量？

· 可达成的（Attainable），我们定的 KPI 是通过付出努力可以达成的吗？

· 关联的（Relevant），我们定的 KPI 与整体目标的方向一致吗？

· 有时限的（Time — based），我们有没有设置 KPI 的最迟达成时间？

三个步骤

明确了一个定律和两个标准后，我们就可以按照提炼、分解、优化这三个步骤用"KPI 工作法"执行任务了。

1. 提炼

针对性地分析"二八定律"里 20% 关键行为，提炼出 KPI。提炼时必须遵循"限量原则"和"SMART 原则"。

假如一名销售员要在下个季度完成开发 30 个新客户的目标，他要怎样提炼自己的 KPI 呢？他要分析哪些销售因素帮助自己在以往的销售过程中获得成功，以及其他优秀销售员的成功经验。

经过思考，这名销售员找到了"提升潜在客户拜访量""提升拜访转化率""拓展客户渠道来源"作为自己的 KPI。3 个指标完全符合 KPI 限量的标准。

然后，他需要用 SMART 原则，结合相关数据，对提炼出来的 KPI 进行评估：

·S——这些指标的内容具体吗？有些笼统，不够具体。

·M——有什么标准可以衡量这些指标是否达成？没有数据标准，无法衡量。

·A——这些指标是可达成的吗？要看具体的数据才知道。

·R——这些指标与开发 30 个新客户的目标有关联吗？有。

·T——完成这些指标有时间限制吗？时限是一个季度，即 3 个月。

在大脑里自我检查后，他发现，虽然完成这 3 个指标的时间限制很清晰，这 3 个指标和目标的方向也是一致的，但描述这些指标的话比较笼统，不够具体，也没有相关数据，也不能通过具体的数据来衡量这些指标是否达成了，所以，他依然不清楚，自己是否能通过努力达成 KPI。

于是，他结合上个季度的数据和以往的经验，对这 3 个 KPI 调整为：

每周拜访的客户量增加 25%，从 20 个提升至 25 个；

潜在客户转化率与以往一样，定为 10%；

客户渠道从 3 个拓展到 6 个。

2. 分解

这一步的关键，是将上一步定下的指标转化成可执行的具体任务，将指标分解到我们每一天的工作中，让我们每天在工作结束时，都有阶段性的工作成果。

继续以上文提到的"客户拜访量"为例。1 个季度要拓展 30 个新客户，将这一指标分解到每个月，那就是 1 个月要拓展 10 个新客户。而潜在客户成功转化为新客户的比率是 10%，也就是说，每个月至少要拜访 100 个潜在客户。按每个月有 20 个工作日算，那么每天就要拜访 5 个潜在客户。

最后的分解结果就是：每天拜访 5 个潜在客户。

这一步往往是最具有挑战性的，需要我们静下心来，仔细规划。

3. 优化

定出了 KPI 就意味着工作的重点是清晰明确的。但是，KPI 不能等同于目标，也不意味着它是完全固定不变的。在执行任务的过程中，我们需要结合"PDCA 工作法"，对 KPI 进行灵活、及时地调整和优化。

还是结合上文中一个季度开发 30 个新客户来说，经过 1 个月的执行，销售员发现潜在客户的转化率有所下降，这时，他就可以调整拜访潜在客户的数量，将每天拜访 5 个潜在客户，改变为每天拜访 7 个或者 8 个潜在客户，从而更快达成每个月拓展 10 个新客户的目标。

> **核心要点**
>
> 运用"KPI 工作法"时，要在把握"二八定律"以及"限量原则""SMART 原则"的前提下，操作以下 3 个工作步骤：
>
> 第一步，提炼——围绕目标任务，提炼出 3 到 5 项最能促进目标达成的因素，作为关键绩效指标。
>
> 第二步，分解——把提炼出来的指标转化成具体的、可执行的任务，将其分解到我们每天的工作内容中，逐一执行。
>
> 第三步，优化——在执行任务的过程中，时刻紧盯指标的达成情况，用"PDCA 工作法"及时检视、灵活调整，确保目标能顺利达成。

OKR 工作法：
用集体沟通培养团队的目标文化

提到 OKR，大家第一时间想到的可能是英特尔和谷歌。前者是 OKR 的发明者，后者是将 OKR 运用到极致并使其得到推广的公司。

大家如果是爱学习的人，可能还了解过，许多团队在运用 OKR 时，需要开好几个会议，来探讨和制定 O（Objectives）和 KR（Key Results），也就是目标和关键成果。但我们现在要学习的"OKR 工作法"非常简单，只需要每周开好两场会，就能明确工作任务，把握任务主次，激发团队潜能。

大家可能有过这样的经历：明明在周一的例会上制订了一周的工作计划，等到周五回顾时，却发现原来制订好的工作计划并没有发挥作用，自己没有赶上计划的进度或者正在干着和原计划几乎不相干的事。

运用"OKR 工作法"就是让我们以结果为导向，把周一的目标任务沟通简会和周五的成果分享会，有意识地打通并连接在一起，构建一个目标管理的闭环，确保能在周五时按计划产出、交付结果。如何开这两次会议呢？

目标任务沟通简会

我们需要在周一的早上召开目标任务沟通简会。

在部门或者项目组内部召开半小时以内的会议,具体的会议时间可以根据参与人数灵活决定。会议内容只有两点:第一,每个人报出自己的周目标和每天要完成的任务指标;第二,如果有需要其他同事配合的工作,及时提出需求,令其知会。

如何确保周五时能顺利达成周一时制订的计划呢?需要遵循三个原则:

第一,目标有主次,数量不过五。

我们每周要完成的事有很多,所以我们要对这些事情做优先级处理,按重要程度给它们排好序,从最关键的事情开始处理。分清事情的主次,明确事情的核心后,在接下来的一周里,我们只需紧盯关键任务,即使在实行计划的途中出现任何插曲,我们也能快速回到目标轨道,继续前行。关于这个原则,我们还需要注意两点:

一方面,我们所制定的个人目标必须和部门目标、公司的总目标对齐,比如,公司在人才方面的目标是做好人才储备工作,那么HR的目标就需要向这个靠拢。

另一方面,不要因为目标任务数量少,而担心上司会认为我们在偷懒。只有把有限的时间放在最关键的事情上,才能确保结果是最有价值的。

第二,目标确定,结果跟上。

工作是为了有效的成果才做的。

我们在做每样工作之前一定要想明白,我们要得到什么样的结果,要达成什么样的目标。而且,将计划、目标和预期中的结果确定下来、表达出来,就能成为一种力量。我们要注意,我们预计能达到的结果,一定要是量化的、能用于快速评估目标达成情况的。

第三,限时,最多给每个人两分钟。

在两分钟内，每个人要说出自己的本周核心目标和每日必达任务，如果其中包含前几周设定的，需要较长时间完成的目标，还需要汇报最新进度。只有对每周的工作目标、每日的工作内容进行充分的思考，清楚行动思路，才能在限定时间内，有逻辑、有条理地完成目标。

那么，遇到需要别人配合的工作时，如何在两分钟的时间内沟通清楚呢？很简单，只谈要做什么，需要谁配合，要得到什么样的结果，绝不讨论怎么做。

有一个两分钟表达目标的模板，供大家参考：

"上周，在_____方面，我_____（进展）。

"本周我的目标是_____，我设定的关键成果有_____个：一是_____，二是_____……

"围绕本周目标和关键成果，我这周要完成的任务有_____个：第一，_____；第二，_____……"

以 HR 为例，套用上述模板：

"上周，在招聘工作方面，我成功邀约了 20 位面试者到场面试，其中 5 位进入复试；

"本周我的目标是为董事长招到一位合格的秘书，我设定的关键成果有两个：一是邀约 20 位应聘者到公司面试；二是挑选出 5 位进入复试的面试者。

"围绕本周目标和关键成果，我这周要完成两个任务：第一，确认岗位要求，拟定招聘说明书，将招聘说明书发布到网上并发给猎头；第二，主动搜索简历并邀请应聘者来面试。在面试方面，我需要同事 A 的支持，同事 A 需要从专业度方面提供人才评估，具体的安排我们私下另约时间沟通。"

成果分享会

周五下午定期召开成果分享会,将会议时间设定为1个小时左右。

开成果分享会的目的是:围绕周一设定的目标和关键成果,展示工作的完成情况。轮流分享心得,边分享,边调整;边总结,边成长。

首先,每个人要先梳理一下,经过一周的工作,自己取得的成果是什么。

其次,要分享自己最有成就感、从中收获最多的工作成果。这样做有两方面的好处:一方面,可以让每个人展示工作进度,感受自己本周工作的价值,见证自己的成长,提升团队成员的内驱力;另一方面,获得伙伴的积极反馈,及时对工作进行总结、调整,更好地开展未来的工作。

最后,要明白成果分享会的目的不是追究责任或批判某一名团队成员,而是通过坦诚分享,建立起开放、互助的交流氛围,促进沟通的顺畅度,提升团队协作的效率。所以在会上发言或反馈时,尽量使用积极、正向的语言。

如果实在想于会议上做一些评估的话,建议每个人实行自评。在成果分享会前,每个人都可以对自己的工作成果打分,如果完成得好,就给自己打10分;如果完成得还不错,就给自己打7~8分;如果觉得自己做得不及格,就要及时调整,可以在会议上向同事求助。

开成果分享会时的话术,同样有模板:

"这周,我最有成就感、最想和大家分享的是_____(简要地说出本周取得的关键成果)。

"通过完成这一目标,我想和大家分享自己的_____点感受与心得:

"第一,_____;

"第二,_____……"

通过周一的目标任务交流会，明确一周的核心任务和关键成果；通过周五的成果分享会，让每个团队成员都看到自己工作了一周的价值，收获伙伴的积极反馈，调整、优化工作方向，让团队更有动力地向更有难度的目标发起挑战。如此循环，会帮助团队和个人打造"成长飞轮"。

每周都坚持用"OKR 工作法"就能逐渐提升团队中每个人的聚焦力和计划力。

> **核心要点**
>
> "OKR 工作法"的核心是每周开好两个会：
>
> 周一要开目标任务沟通会。要让每个人在 2 分钟内讲明白目标和关键结果。
>
> 周五要开成果分享会。要围绕周一设定的目标和关键成果，展示工作的完成情况。轮流分享心得，边分享，边调整；边总结，边成长。

日志工作法：
有效重复是成长的基础

相传，世界上最著名的推销员乔·吉拉德，在公开演说他成为推销大王的奥秘时，做了一个令所有人都惊讶的实验。

乔·吉拉德让人在舞台中央吊了一个巨大的铁球。他请两位身强力壮的年轻人到台上用准备好的大铁锤锤打这个吊着的大铁球，直到让它晃动起来。其中一位年轻人想也没想，就迫不及待地拉开架势，抡起铁锤，奋力向那吊着的铁球砸去。台下的加油声震天响，他接二连三地继续猛砸。然而铁球纹丝不动，他气喘吁吁，只好认输。另一位年轻人看着不服气，接过大铁锤，把铁球砸得当当响，但很快也败下阵来，摇摇头走下了舞台。

台下的呐喊声渐渐消失了，人们认定这个铁球是不可能被撼动的。这时乔·吉拉德二话不说，从上衣口袋里拿出一把小小的铁锤，认真地对着那个巨大的铁球"咚"地敲了一下，半秒后，又用小锤"咚"地敲了一下。人们都瞪大了眼睛，不知道这位推销大王想干什么，而乔·吉拉德反复地做着这个动作，不停地敲击着铁球。

就这样10分钟过去了，20分钟过去了，台下的观众慢慢失去了耐心，开始骚动起来，有人甚至开始咒骂乔·吉拉德，说他在耽搁大家的时间。

乔·吉拉德并不理会，依然一小锤一小锤地敲击着大铁球，他好像根本就没听到人们在抱怨什么。就这样，许多观众愤愤地离去了。留下的人们似乎也喊累了，会场渐渐安静下来。

乔·吉拉德敲击铁球 40 分钟后，坐在前排的一位女士突然尖叫起来："看哪，球动了！"会场刹那间鸦雀无声，人们都聚精会神地看着那个铁球，果然，那个巨大的铁球开始以很小的幅度晃动了起来。

乔·吉拉德没有受到任何影响，继续站在那里一小锤一小锤地敲着大铁球。就这样，大铁球越荡越高，这强烈地震撼着在场的每一个人。会场上爆发出一阵阵热烈的掌声。

在掌声中，乔·吉拉德对大家说了一句话："在成长的路上，如果你没有一步一个脚印地耐心努力，那么你只好用一生的耐心去面对失败。"

改变命运的复利效应

"日志工作法"听起来平淡无奇，但它可以让我们的能力在潜移默化中提升，长期坚持，甚至会发生颠覆式的飞跃。

乔·吉拉德的举动给我们一个启示：人有一个极大的弱点——总是高估短时间的作用，总想把事件积压到最后环节一次性搞定；总是低估长时间坚持、累积的力量，没有耐心坚持做那些看上去微不足道的关键动作。

时间和数量累积出宏大成果的效应，就是复利效应。复利效应就是"日志工作法"的精髓。复利本来是一种计算利息的方法。运用复利计息时，除了计算本金的利息外，还要计算新获得的利润产生的利息，俗称"利滚利"。复利的威力有多大呢？

假设一张纸的厚度是 0.1 毫米，把这张纸对折 42 次，厚度就可达到 44 万千米，而地球到月球的距离约为 38 万千米。

如果把我们当下的能力状态用数字 1 来表示，那么只要每天进步一点点，哪怕只进步0.01，365天后，我们就会得到36.8倍的提升（1.01的365次方约等于37.8）；但如果我们每天退步一点点，即使只有0.01，365天后，我们最多只剩下0.03（0.99的365次方约等于0.03）。同样是0.01的变化，前后两个结果，居然相差了足足1200多倍！

被称为"A股第一散户"的刘元生，1988年用400万港元购买了万科的原始股，到2018年1月16日，假若刘元生在此期间并未减持万科股份，那么刘元生手中的这些股票就已涨到了将近54亿港元，涨幅1300多倍。这还不算万科在刘元生购入股票20多年间的分红。

这些看起来不可思议，但这也正是复利厉害的地方。

有名人说：时间是老天给每个人分配得最公平的东西，每个人每天都有24小时，一分不多，一秒不少。那为什么有些人的一天能过得像四季一样精彩，蒸蒸日上；有些人的一辈子都在重复同一天，而且每况愈下？

这个问题的答案就藏在复利效应里，人与人的差距不是一蹴而就的。一个个小变化，经过时间这个放大器，就会日积月累成复利。有的人处于负复利的下滑曲线上，有的人则在正复利的上升曲线上。

"日志工作法"的关键步骤

巴菲特说："复利有点像从山上往下滚雪球。"人生也要如此，每天进步一点点，让自己的能力每天都增大一圈。这就是"日志工作法"的精髓。如何运用"日志工作法"呢？可以分两步走。

1. 日事日清、日报

当天计划的事情不仅要做到当天完成，而且要公开汇报。

这一步关键在于公开汇报。汇报内容包含当天的计划和工作成果。汇报时要做到表达清晰、结果量化，用数字和百分比来量化结果，还可以配以适当的文字说明。这样做能解决两个问题：一方面，可以清晰地看到自己的成长；另一方面，可以让上司和其他同事直观了解我们的工作成果与进度，提高内部的协作效率。

如何进行公开汇报呢？可以按照"日期+汇报人+工作计划与工作结果的对比（三项为宜）"的模式进行。

如，7月12日张三的工作计划与工作结果：

计划1：沟通拍摄需求，跟进合同签订。结果：完成了与经理确认的工作，并支付了首款。

计划2：发布两篇公众号文章。结果：已发布了一篇《如何提升工作效率》，另一篇完成了50%。

计划3：面试1人。结果：实际面试2人，一人是文案工作者，另一人是运营工作者，面试结果已反馈给经理，已经安排了复试。

用这样的模式表达，既能表现出计划和实际结果的对比，还能表现出具体、清晰的数值指标，能让上司和其他同事快速了解我们的工作完成情况。当我们面对一些需要沟通协作的工作时，这样的方式也能方便听汇报的人，快速了解情况。

如果你是老板，你是不是也喜欢听到这种汇报呢？

2. 日事日结、日高

我们要对每天完成的工作进行思考、总结。在我看来，总结就是成长，总结才能提高。

如何总结呢？一方面，我们要找出自己的进步之处，比如，我们做工作时的速度更快了，工作成果的质量更好了，发现了新的有效工作方法，等等，这会帮助我们在日后的工作中继续努力；另一方面，我们也要思考、找出我们在工作中还有待改善之处，假如我们会做漏做错、考虑不周，会因为拖延而导致一些工作未完成，那么我们就要想想怎么改善这些问题，提升自己。

需要强调的是，我们不能只在脑袋里总结，必须用文字记下来。因为，写字的过程，就是将自己总结的内容清晰化、条理化的过程，也是进一步将经验内化成能力的过程。

我们可以按照"日期＋汇报人＋现状总结、现状与理想的对比、优化思路（三点以内）"的模式，将总结写在工作汇报下面。

如，7月12日张三的工作总结：

通过对今天的计划和实际结果作比较，我总结出了以下两点：

第一，我的文章撰写效率有所提高，但仍有提升空间。我用1天完成了1.5篇文章，效率比昨天高了30%，接下来可以继续利用碎片时间提前搜集所需案例，节省找案例的时间，下一步目标是1天完成2篇文章。

第二，在对外的拍摄合作中，考虑得不够周全，沟通效率有待提高。缺乏了解拍摄现场的过程，在沟通拍摄需求前，可以制作沟通内容清单。计划结合这次经历，做个简洁的拍摄合作资料清单，供日后使用。

> **核心要点**
>
> 我们解决问题的能力会在复盘和总结中一步步提升，让这些点滴的积累形成复利效应。
>
> "日志工作法"的精髓在于复利效应。运用"日志工作法"的过程包括两个关键步骤，分别是"日事日清、日报"和"日事日结、日高"。日清是基础，日高是目标，日报和日结则是让我们成功到达彼岸的桥梁。
>
> 大道至简，知易行难，相信我们都能迎难而上，收获复利效应带来的成长红利。

迭代工作法：
如何以最低的成本获取快速成长

工作中，很多人有完美主义倾向，容易拖延，总想要什么都准备好了才去做，这样容易错过最好的时机。比如上司要你做一个活动方案，你用两天半搜集资料，临交方案前三小时才开了个头，最后火急火燎地做了个自己都看不下去的方案。这就是没有迭代的意识。

大多数人都会在每年年初做一个新年计划，但是又有多少人可以完成新年目标呢？无法完成新年目标的原因主要有两个：一个是缺乏执行力，另一个，也是更重要的是没有在合适的时候迭代计划和执行任务的方法。

那到底什么是"迭代工作法"呢？

"迭代工作法"的核心是"小步快跑、快速更新"。具体来说，就是在不断反馈的过程中不断更新，一步步逼近自己的目标。每一次反馈后的更新就是一次迭代，而每一次迭代得到的结果会作为下一次迭代的起点。

许多互联网公司都是利用"迭代工作法"的典型代表，微信从1.0版本更新到7.0版本，经历了数十次迭代。从最初仅有即时文字通信等简单功能，到现在打通整个社交与商业网络的帝国，微信的成功靠的并不是最开始的完美规划，而是一次又一次的迭代升级。

微信的迭代历程提醒我们，学习"迭代工作法"的一个重要前提是坦然承认自己的方案或计划不成熟。在不断探索和反馈的过程中，找到改进点，进行迭代。迭代方法有三个：

第一，自我迭代。

第二，内部迭代。

第三，对外迭代。

自我迭代

在接到目标或任务后，首先要用最快的时间完成最简略的行动框架，然后进行自我迭代。在"会想"一章讲"对标框架思考法"时，已经详细讲过框架的构建，我们在这一部分直接讲自我迭代。

自我迭代就是一个自我验证、自我调整的过程，我们要针对设定的框架问自己两个问题：我喜欢这个框架吗？我自己愿意加入活动或购买产品吗？在自问自答的过程中，我们就可以迭代自己的框架。

比如说，领导让你写一封邀请信，邀请客户来参加公司的十周年庆典。

接到任务后，你快速地设计出了写邀请信的框架由两部分构成：表达感恩与邀请、说明活动注意事项。

然后就要开始自问了：我喜欢这个框架吗？我自己愿意参加吗？如果你的答案是否定的，就说明你设计的活动框架的吸引力不够，你自己都不愿意参加这场活动，那么你就需要继续思考，调整框架。比如经过思考，你将框架调整为由三部分构成：介绍公司的历年成果、表达感恩与邀请、说明活动注意事项。调整后，请再次问自己：我喜欢这个框架吗？我自己愿意参加吗？如果答案是肯定的，或者还可以，那么你就可以在限定的时间寻找资料、补充细节、完成邀请信初稿了。

通过自问来迭代是最初级的迭代。这一步一定尽可能以最快的速度完成，不要追求完美，即便自问的答案是还可以，也可以进行下一步。

内部迭代

完成初步方案后，我们可能还是觉得有漏洞，但是又不知道漏洞在哪里。这时，我们就要尽快将方案发布出来，听取同事与朋友的意见，进行组织内部迭代，并确定可以对外发布的基础原型，这里所说的基础原型就是指"最基础的可行性产品"，它们是功能极简，但能够体现核心创意，可以给用户展示功能的最简版本产品。比如微信的基础原型就只有即时文字对话、添加好友等基础功能。

如何进行内部迭代呢？我们还拿写邀请信来举例。领导让你写邀请信，当你完成初稿后，你可以第一时间将其发到工作群中，请求同事们给予反馈，可向大客户开发、客服等关键岗位的同事逐一征求建议。

认真筛选同事的反馈建议，根据建议迭代邀请信。比如，客服的同事可能建议你稍作修改，让你在给"老客户"的邀请信和"新客户"的邀请信上写不同的话，在给老客户的邀请信中多提那些以前发生的、容易让他们产生共鸣的事件；在给近两年新增的客户的邀请信中多提他们加入后项目和产品方面发生的事件。这样的建议就很有创意和建设性，可以帮助你做一次有效的迭代，写出两个版本的邀请信。

比如在做"五项能力修炼场"微课时，我就在团队内部进行了三次迭代之后，才确定对外发布的产品原型。当然，这只是一个新起点，接下来我还会根据听众的反馈，继续优化、迭代这个课程，这就是我们接下来要学习的"外部迭代"。

外部迭代

将产品原型对外发布后，要以最快的速度寻求用户的反馈，根据用户反馈，迭代产品。微信从最初的 1.0 版本到现在的 7.0 版本，已经历经了数十次对外迭代。迭代的过程就是不断接收反馈、不断优化的过程。

不管是进行自我迭代、内部迭代，还是进行对外迭代，都是为了让我们小步快跑、快速更新自己的方案。这样的方法会帮助我们保持灵活性，而且每跑一小步，我们就会得到一小步的成效，我们会以最低的时间成本获得最有效的成长。

当面对一个需要大量协作的复杂任务时，需要综合运用三种迭代方法。

有一段时间，十多家企业排队等待我做他们的企业经营管理顾问，其中两位已经跟我认识几年的企业家说："瀚霆老师，你的时间和精力有限，在一个时间段内同步服务的企业也有限。现在外面非常流行私董会和众筹，我们能不能把等待你做顾问的十多家企业集中起来，仅占用你服务一家企业的时间，接受集中指导。我们按照一家企业的顾问服务费众筹，你看如何？"我当时非常认同，这样既节省了我的时间，又不会耽误大家的时间，同时费用化整为零，每家企业可以少承担一些费用。在做"瀚霆研习会"这个项目时，我们就将三种迭代方法的结合付诸实践。

第一步，自我迭代。我问自己：我喜欢私董会这个框架吗？我自己愿意成为这个私董会的核心用户吗？显然不喜欢，也不愿意，因为十多家企业集中在一起是想让专业顾问答疑解惑，得到具体指导，不能完全模仿私董会的模式。所以，私董会最后迭代为"瀚霆研习会"，流程改为：首先，由每一位企业家轮流汇报自上期研习会以来的具体工作，分享成长心得并提出问题或说出自己的思考，由我来点评、回应并答疑解惑；然后，由我做一个主题分享；最后，大家各自做出近期的工作计划及相应的调整。

第二步，内部迭代。尽管初步方案已经形成，但其中可能还存在一些我没有意识到的漏洞。我将方案发布到"瀚霆研习会"策划及运营小组，以获取策划及运营成员的充分反馈。大家发现，企业家们在研习会得到了快速成长，但他们的团队越来越跟不上。在我的团队的建议下，我们将全年仅限企业家本人参加"瀚霆研习会",改为企业家本人参加几次,然后他们的团队参加几次,两者结合,让团队和企业家一起成长。

第三步,外部迭代。这一步,我们开始向所有参加"瀚霆研习会"的企业家征求建议、获取反馈信息。企业家们觉得每年10次、每次2天这种模式将时间划分得有些零散,虽然次数多,但每次2天的时间不够用,希望调成每次3天。同时,他们希望春节及暑假等时间段不开研习会,这样他们能有时间陪陪家人和孩子。此外,团训效果特别好,他们希望每个团队每次参与研习会的名额再多一些。据此,我们迭代出了更方便大家的模式:每年7次、每次3天,其中企业家参与5次,团训2次,团训人数不限。企业家们还根据自己的感受创作了"瀚霆研习会"的口号:瀚霆研习会,培育行业领袖,创造无限可能,"后果不堪设想"!这让整个过程更有仪式感。

通过这三步迭代法组织的"瀚霆研习会"成为所有会员都特别热爱的组织。

一个没有迭代过的产品,迟早会被时间、被客户拍在沙滩上;一份没有迭代过的计划,尤其是中长期计划,迟早会被我们丢弃在垃圾桶里;一堂不迭代的课程,很难满足学员的需求,也难以帮助学员成长。

人的一生本就是一个迭代的过程,在这个快速发展的时代里,我们只有快速迭代,并不断试错、改错,才能一步步走向理想彼岸。勇于接受不完美,学会用"迭代工作法"试错和精进,才能快速应对变化,获得成长。

> **核心要点**

"迭代工作法"的核心,是"小步快跑、快速更新"。这种方法主要包含三种迭代方式:

第一种是自我迭代,设计框架。

第二种是内部迭代,确定原型。

第三种是对外迭代,完善升级。

单点专注工作法：
一次专注做一件事

我们在工作时，除了要提升做事效率，还必须有选择地做正确的、最重要的事情。

这就需要我们懂得选择，学会对注意力进行管理。最直接的方法就是一次只做一件最重要的事，做到专注、单点聚焦，这就是"单点专注工作法"。

在自由度比较高、依靠自觉的工作岗位上，人的注意力很容易涣散。我们特别容易被能带给我们三类体验的事情吸引：一类是让我们感到新奇的事情，一类是能给我们带来愉悦感的事情，还有一类是让我们有压迫感的事情。随着技术的发展，社交媒体、视频平台、游戏软件等源源不断地为我们提供着这三类事件的信息，让我们无法视而不见，深陷其中，不能自拔。但问题是写报告、做项目、维系客户等大部分我们真正需要集中精力做的事情，都无法给我们带来这三种体验。

我们都知道时间是不可再生资源，一去不复返，但事实上，注意力比时间更稀缺。我们能专注做的事情比我们想象中的要少得多。据曾经的一份研究报告显示，美国人每天平均会接收到34GB的信息，但据心理学家的估算，我们的注意力只能处理其中1/80000的信息。

既然我们的注意力能聚焦的事情有限，那么如果那些不需要我们专注处理的事情消耗了我们的大部分注意力，当我们再想让注意力聚焦于重要的事情上时，就容易出现精神无法集中的情况。

所以，作为职场人，我们不得不训练自己"单点专注工作"的能力。在一段时间内将所有注意力都集中在一件事情上，才能深度工作、提升效率。如何开启"单点专注工作"的模式呢？主要步骤有三个：

第一，选择一件值得专注的事。

第二，排除干扰，单点专注。

第三，一旦分神，迅速拉回自己的注意力。

选择一件值得专注的事

这件值得专注的事并不一定是最紧急的，但必须是复杂的，是最重要的。选出一件值得专注的事这一步是非常关键的。

如何选择出一件这样的事呢？

1. 看事情的重要程度

要考量选出的这件事是否足够重要，就要以长远的眼光看这件事是否能形成生产力。有价值、能累积成生产力的事情才值得专注。

我们要根据自己的角色来检验一件事是否值得专注。比如，对一名讲师来说，值得专注的就是备课、练课；对一名文字工作者来说，值得专注的就是研习优秀作品和写文章。对我这样的企业管理顾问来说，值得专注的就是研究行业的动态和企业的经营。而刷朋友圈、刷微博、追剧等事情就属于只具有吸引力、不能转化为生产力的事情，不值得专注对待。

任何没有目的的专注都是对注意力的耗损，很容易让人进入漫无目的的状态。

2. 看事情的复杂程度

完成第一步之后，还要按照事情的复杂程度再筛选一次。被选中的事情不能过于复杂，如果每次读书时，你的注意力只能对 200 页以内的信息专注，那么你不要选择《资治通鉴》这样的大部头，即使不得不面对《资治通鉴》，也要先专注第一册，把其余册放在书柜，不然会因为任务过于繁重，不自觉地用拖延来缓解压力。

当然，被选中的事情也不能太简单，过多的注意力盈余会让我们不自觉地分神，被其他有趣的事吸引。所以，如果我们发现自己始终无法专注，就说明我们选出的事情复杂程度不够，我们应该去寻找更有价值、有难度的任务，而不是继续做低水平的重复性工作。如果在工作中，我们始终无法将注意力集中到一件事情上的话，并不能说明我们太忙了，反而说明我们太闲了。我们需要更有挑战性的工作，激发自己更加专注。

排除干扰，单点专注

排除干扰是为了营造单点专注所需的环境，对于容易受周边因素干扰的人来说，这点特别重要。一般干扰因素分为可控的和不可控的两种，要想方设法"驯服"可控的干扰因素，将受不可控的干扰因素的影响降到最低。

电子邮件、社交媒体消息等就是可控的干扰因素，我们可以提前安排固定的时段回复电子邮件、社交媒体信息，并且限制回复的次数。如果可能的话，单点专注前，建议大家关掉手机这个注意力"黑洞"，这样，大家就可以最大程度地"驯服"这些可控的干扰因素，从而为自己进入专注状态创造更多的条件。

如果我们在工作时，身边有个说话声音很大的同事，这就属于不可控的干扰因素，我们需要主动地和同事沟通，排除这个干扰因素，而不是默默忍受。

排除干扰后，就要单点专注了，也就是把注意力全部集中在选定的工作上。在做这一步时，我们要逼自己专注，但也不要逼得太紧，不要一开始做就想着一步到位，要循序渐进地把事情做好。

专注的时长没有绝对标准，我们在单点专注时，可以借助番茄钟来规划时间，比如一次保持专注 25 分钟。哪怕每天只在两三个番茄时间内保持专注，也是一个良好的开端。随着时间的推移，我们就会发现，我们可以专注地做某件事的时间越来越多了。

我最初也是从专注 25 分钟开始练习的，25 分钟闹钟响后，我就会强制自己休息 5 分钟，甚至还要犒劳一下自己，伸伸懒腰，喝杯茶水。慢慢地，两周之后，我就能一次保持专注 40 分钟。所以，我就把闹钟的时长也调整到 40 分钟。在那之后，我又实现了几次突破，现在已经能高度专注 1.5 个小时了。

不断拉回注意力

这是要不断重复的一步，因为我们实在太容易走神了。这一步看似容易，做起来很难，我们往往让自己专注地做某件事的过程中断，就是因为我们拉不回自己的注意力。

我们在电脑前专注工作时，如果被其他事情打断 5 分钟以上，就难以回到原来的轨道上了。这背后涉及一个心理学知识——心流。我们在工作时一定都体验过做事做得入神，进入了忘我状态的感受。在那样的状态中，我们仿佛感受不到时间了，只知道任务进度被不断地向前推进。这样的状态就是心流状态。

研究表明，人处于心流状态中时，如果被打断了，就需要花 10 ～ 15 分钟才能再次进入。如果一个人一天被打断 4 次，就等于这个人浪费了 40 ～ 60 分钟，这是非常可怕的。

因此，如果想要高效、专注地工作，一定要不断地重复"拉回自己"这个动作。

如果我们不管理自己的注意力，我们就只能被注意力控制。再好的时间表、清单、目标和操作步骤，也不能帮助我们深度工作。管理注意力和学习游泳是一样的，没有人一开始就能自如地游泳，所有人都要不断地练习，不断强制自己在水里多浸泡，把游泳动作内化为身体的一部分，让身体对这些动作形成肌肉记忆，才能在水下很好地控制身体，如履平地。

> **核心要点**
>
> "单点专注工作法"要求我们把注意力完全集中在一件重要的事情上。开启"单点专注工作"模式需要三步：
>
> 第一，选择一件值得专注的事。
>
> 第二，排除干扰，单点专注。
>
> 第三，一旦分神，迅速拉回自己的注意力。（这一步需要不断重复做。）

小　结

本章讲述了十一个"做"的工具，归纳起来，这些工具主要可以帮助我们做五个方面的工作：

任务管理方面的工具——"清单工作法"和"甘特图工作法"，会帮助我们运用视觉化策略，描绘工作地图，减轻大脑负担，让大脑摆脱焦虑，让我们顺利地执行任务。

时间管理方面的工具——"时间矩阵工作法"和"番茄工作法"，会教我们把时间用在刀刃上，让我们的效率翻倍。

流程管理方面的工具——"PDCA工作法""流程工作法"和"迭代工作法"，保障我们工作的顺畅性，帮助我们提前预见执行结果。

注意力管理方面的工具——"单点专注工作法"和"日志工作法"，可以让我们快速聚焦任务，直接进入深度工作状态，循序渐进地建立能力优势。

目标管理方面的工具——"KPI工作法"和"OKR工作法"，会帮助我们树立可衡量的指标、能实现的目标，明确工作方向。

方法比努力更重要。用对了方法，就能剔除烦恼和愁思，让一切变得豁然开阔。

学习完能让个体工作高效的工具,有没有能帮助团队提升战斗力,保持执行力的好工具呢?团队具有持续的战斗力是每位管理者都憧憬的,在这方面,我总结出了简单且易于实操的公式:团队战斗力 = 能力 × 状态。如何结合本章中"做"的方法来运用这个公式呢?欢迎大家扫描下方微信二维码跟我在线交流。

第五章

会议：
整合集体智慧，提升决策效率

- 什么样的会议才能产生效果呢？包含四个"有"：会而有议，议而有决，决而有行，行而有效。

- 第一个"有"，是有议。有议即有议题，有具体的会议目标。比如将会议的议题定为提创意、做汇报等。

- 第二个"有"，是有决。要在会议中做出选择和决策，这样才能让参会的人知道下一步如何行动。

- 第三个"有"，是有行。这是会议最直接的目标，调动大家根据会议决策行动起来。不以调动大家行动为目的而开会都是"耍流氓"，都是为了开会而开会。

- 第四个"有"，是有效。有效是开会的根本目标，为了让会议呈现出效果，我们不仅需要一些有效的监督机制，更需要学习高效的开会方法。

好好的,为什么要开会

不管是管理者还是基层员工,很多职场人一提开会就头痛,三天两头地开会,可大家还是啥也不会,但很多时候团队还是不得不开会,员工也不得不参加会议。

的确,开会是职场中不可避免的事,但会议有不太好的名声,经常给人"一无是处"的感觉,这都是因为,我们的会议没有产生效果。

另外,大家有没有想过,好好的,为什么要开会?这是我们首先要解决的问题,也就是开会的价值是什么,以及如何提高会议的投入产出比。

会议背后的商业模式

"会议"是"集合三个人以上,遵循一定的议程,相与议事的一种集会"。

所谓"无三不成会",两个人商量事情叫"讨论",三个人商量事情才能叫"开会"。因为,三个或更多的人要达成共识比两个人互相认同要复杂很多,而会议刚好可以解决这个复杂的问题。

在企业里,会议是一种商业模式,是每位管理者,或者将要成为管理者的人，必须重视的商业模式。

既然是商业模式，那每次开会前，我们都要计算会议的投入和产出。投入，主要是指参会人的时间成本和精力成本，而产出就是会议的成效。

一般来说，投入比较好计算，但成效就需要会议的组织者认真评估了。会议有没有明显的成效，是这种商业模式能否成立的关键。

那么，如何评估会议的成效呢？我们可以按照不同会议的目的评估：

· 创意会要能达到集思广益、激发创意的目的。
· 在常规的工作会议中要完成布置工作、上传下达的任务。
· 要让团队成员在分享会或经验交流会中收获知识、挖掘潜在信息。
· 要让动员会能协调集体行动，整合团队力量。
· 激励会要能够帮助团队营造工作氛围、推动工作进程。
· 决策会要能够帮助团队评估方案，选择发展方向。

会议的投入产出比，也就是，参会人的时间成本加精力成本的和与会议成效之比，其值越小，会就开得越值得。

所以，在企业里，会议不是越多越好，每次开会前，我们最好先计算一下投入产出比。如果投入合理，成效明显，那么这次会议就值得开。

如何提高会议的价值

1. 减少成本投入

我们先来算一笔账：假设一名员工每小时的薪水是 100 元，如果你的团队要召集 20 个人，开个 3 小时的会，那么这次会议的成本就至少是 6000 元。你的公司每个月要支出多少笔这样的钱？这笔账是不是不算不知道，一算吓一跳？

成功的企业都是非常重视控制会议成本的。能不开的会就尽量不开。比如，仅以给各个岗位或者部门安排工作为目的的会议，就可以适当减少。用微信、邮件或当面一对一沟通的方式，就可以代替这样的会议。

但如果一定要开这样的会，就尽量减少成本投入。比如，我们可以缩短会议时间，或者限制参加会议的人数。

我们可以用第一章中的"限时表达法"来缩短会议时间，除此之外，保证参会人员按时到场参会也是缩短会议时间的一个方法。柳传志就曾在联想集团定下了一个规则：开会迟到，要罚站1分钟。这个规则不仅是限制员工的，他自己就罚站过3次。三星集团也把"凡是开会，必须守时"写进了会议守则。

关于限制参会人数，不少公司也有明文规定。比如，谷歌公司就要求每次会议的参与者不能超过8人；Facebook给员工的福利好是非常出名的，但是扎克伯格也规定开会只能订"一张披萨"，他用这样的规则巧妙地限制了参会人数；更绝的是乔布斯曾在苹果公司的一次会议上直接要求一位非会议议题的直接负责人离开会场，因为他认为参与会议的每个人都要积极参与议题的讨论，他的会议上不需要听众。这些优秀的企业，都在想方设法控制会议的成本。

2. 提升会议的成效

要提升会议的成效，可以从三个方面入手：

第一，要明确主题。

第二，要谈行动方案，而不是仅仅谈问题。

第三，每次开会都要得出结论。

在不同类型的会议上达到这三个目的，要用不同的方法。

如果要开常规会议，"谷歌会议法"就简单、有效；如果要开产品研发讨论会，就可以用"六顶思考帽会议法"，因为它的指导性够强。能够提升会议成效的方法有很多，如何将这些行之有效的方法运用到实际会议中呢？在后面的小节中，我会挑选实用性极强的方法，与大家一一分享。

"会议"是一种商业模式，开会要计算会议的投入和产出，通过减少会议投入，提高会议的成效，来提升会议的价值。

谷歌会议法：
一场高效率的会议绝对不是一个人的独角戏

作为全球最大的搜索引擎公司，谷歌公司的员工数量庞大，合作伙伴遍布全球。这样的一家超级企业对如何开会是非常重视的。只有高效开会，才能有高效工作，所以，谷歌的团队总结出了一套高效开会的原则，我称其为"谷歌会议法"，并将其中的要点总结为七条准则：

第一，会议中应该有一名决策者或主持人。他是整个会议的引导者、控场人。

第二，在必要的时候才开会。如果会议的目标还没明确，那么这次会议就没必要开了。

第三，会议规模要小而精。参会者最好不要超过8人，上限是10人。

第四，给每个人分配表达意见的时间。参会者都应该有权发表自己的意见。

第五，不要让会议的时间过长。会议要按时开始、按时结束，如果在预定时间前就完成了会议目标，也可以提前结束会议，给大家做其他事情留出足够的时间。

第六，创造一个共创场域。只有营造一个安全的场域，让每个人都感受到安全、被尊重，才能更好地激发出他们的表达欲。

第七，保持高度敏锐性。开会时，所有人都要停止处理与会议无关的事务。

乍看之下，大家可能会觉得这些准则有点多，很难记得住。但没关系，我们可以将它们分成两个方面：一方面是对人的要求，包括第一条、第三条、第六条、第七条；另一方面是对时间的要求，包括第二条、第四条、第五条。

会议中的时间管理原则

在这七条准则中，最容易被忽视的是第四条和第五条，也就是"给每个人分配表达意见的时间"和"不要让会议的时间过长"。

回忆一下，我们在参加会议的时候是不是也遇到过这样的情景：有的人一发言就像开始了个人演讲一样，漫无边际地说，半小时还停不下来，导致其他人的发言时间不够，甚至都没有机会发表建议。无法充分收集各方意见及创意，会让参加者的积极性大大降低，没有发言的人会沦为旁观者，导致会议效果大打折扣。

如何让每个人都拥有发言权呢？既可以按顺序轮流发言，也可以让参会者自主决定发言顺序。那就要做好关键的一步——限制时间。

首先，决策者或主持人可以按照不同的议题将每次发言的时间限制为3分钟或者5分钟，最长不超过10分钟。

然后，在每次开会前，安排一位时间观念比较强的同事担任"时间官"的角色，用手机来计时，发言的时长即将到限定的时长时，可以提前提醒发言者，限定时间到时，就要要求发言者停止发言。

决策者或主持人还可以准备一个计时沙漏，放在发言的人面前，这样不仅能让每个人直观地看到时间的流动，而且也能对发言者起到很好的提醒作用，让计时的效果更明显。

会议中的人员管理原则

如果说第四条和第五条是最容易被忽视的会议准则，那么第六条"创造一个共创场域"和第七条"保持高度敏锐性"，就是一场高效会议的必备条件，做到这两点才能极大地提升会议价值。

我们先来看，第六条"创造一个共创场域"为什么重要呢？

在会议上，我们如果要让每个人积极发言，对会议有所贡献，就必须创造一个能让大家积极探讨的场域。谷歌团队认为："即便你是一家公司的首席执行官，也无权独断专行，把你的意见强加于别人。"

我们可以在与别人意见相左的时候，先肯定他人的话有可取之处，这样，就会让他人从你的话中得到情感上的认同。相互信赖、相互尊重才能找到解决问题的最佳途径。

第七条"保持高度敏锐性"也非常关键。

以前，我们评价一次会议开得好不好，可能会看这次会议有没有"尿点"。现在，有个新的判断指标，叫"刷屏率"，也就是大家在会议上刷手机的频率。

如果"刷屏率"高，估计开这次会议就只是走个过场。试想一下，开会时，如果大家都在看自己的手机，处理与会议议题无关的工作或者关注其他事情，发言时也只是随便说两句，那么这样的会议还有意义吗？

那么，如何对付手机这个"会议天敌"呢？我对员工的要求是：会前统一代管，会后统一归还。

进入会议室后，所有人的手机一律放到同一个保管处，关静音，连调成振动都是不被允许的，违规的就要被罚。会议结束后，大家再到保管处领回自己的手机。

通过收手机来提高参会人的注意力的方法，不仅能提升内部的工作讨论会和培训会的效果，对达成与其他公司相关的营销会议的目标也有奇效。

我的一位客户学了这个方法后，立刻用到了当季的订货会中。开会前，他还担心订货商会抵触这项规则，经过解释后，大家欣然接受了。那次订货会的客户参与度明显比以往高。而且在没有其他优惠政策的情况下，那次订货会的销售额居然比以往提高了50%。

控制"刷屏率"是一个成本低、效用显著的手段，非常值得尝试。

> **核心要点**
>
> "谷歌会议法"的七条准则中最容易被人忽视的四条：
>
> 对会议时间的要求——"给每个人分配表达意见的时间"和"不要让会议的时间过长"。
>
> 对人的要求——"创造一个共创场域"和"保持高度敏锐性"。
>
> 一场高效率的会议，绝对不是一个人的独角戏，各抒己见，才能碰撞出最佳方案。"谷歌会议法"的核心是掌控时间、贡献智慧。

六顶思考帽会议法：
从对抗式会议走向齐心协力

在开会讨论时，大家有没有遇到过这样的情况：

早上九点开会，参加会议的有 A、B、C、D 四个人。

A 先抛了个问题："对于这种情况，大家都有什么看法？"然后，B 开始说："我有一个想法，不过不太成熟，就是……"

B 还没说完，C 插了一句："我能打断你一下吗？我觉得，你这个观点不太合理啊。"然后，B 和 C 就激烈地争论了起来，谁也不让步。

A 呢，不好意思打断 B 和 C。

D 就坐在一边，安静地看着，一言不发。

很快，三个小时过去了。大家一看表，停止了争论，决定一起去吃个饭，下午继续讨论。

无论给这样的会议多长时间，都不会见到很大的成效，因为，乱成一团麻的讨论没方向，不会产生结论！

如何避免在无谓的争执上浪费时间，但又不扼杀参会者的积极性呢？

其实，这不仅涉及开会的方法，也涉及会议思维。我们来看一种先进的会议思维——"六顶思考帽会议法"。

"六顶思考帽"是由英国创新思维专家爱德华·德·博诺博士开发的

一种平行思维模式，是指用白、绿、黄、黑、红、蓝六种不同颜色的帽子代表六种不同的思维模式。大家都有用这些思维模式思考问题的能力。这六种思维模式可以让混乱的思绪变得更清晰，让团体中无意义的争论变成集思广益的创造。将这种思维训练模式运用到会议中会产生神奇的效果。

从对抗式会议走向齐心协力

只要掌握每顶帽子的使用规则和技巧，就能灵活运用这六种基本思维模式。

第一顶帽子是白色思考帽，代表中立而客观。我们戴上白色思考帽时，就要关注客观的事实和数据。

第二顶帽子是绿色思考帽，代表创造力和想象力，具有创造性思考、头脑风暴等功能。在开会时，我们可以用这顶帽子让团队成员专注于想点子、寻找解决办法。

第三顶帽子是黄色思考帽，代表价值和肯定。当戴上这顶帽子时，我们就要从正面考虑问题，发现某件事的价值、好处和利益。

第四顶帽子是黑色思考帽，代表困难。戴上黑色思考帽时，我们就可以发表否定、怀疑、质疑的看法，进行批判，发表负面的意见，找出所讨论事件的逻辑上的错误。

第五顶帽子是红色思考帽，代表情感。戴上红色思考帽时，我们可以表达自己的情绪直觉、感受、预感等。

需要注意的是，使用红色思考帽的时间限制为30秒，这样可以避免我们过度情绪化。

第六顶帽子是蓝色思考帽，代表管理和调控。戴这顶帽子的思考者负责调控、思考整个会议过程，安排思考的先后顺序、分配思考时间、指引思考方向、负责做出结论，要像一名乐队的指挥一样。主持人要戴的就是蓝色思考帽。

爱德华·德·博诺博士说:"所有人在同一时刻,只戴一顶思考帽,充分思考后,再换另一顶帽子,从而克服人脑容易情绪化、不知所措和混乱的缺陷。这种从争论式的'对抗性思维',走向集思广益式的'平行思维',就叫作'六顶思考帽'。"

如何召开产品研讨会议

那在日常会议中,如何使用"六顶思考帽"呢?戴不同颜色帽子的顺序是什么呢?如何运用这种方法组织会议来研讨产品销量为何持续下滑,用什么样的对策可以解决产品销量持续下滑的问题?

首先,我们要准备六顶相应颜色的帽子,为了更好地提醒参会者,每种颜色代表什么,我们可以将客观、创造、情绪、价值等关键词写在帽子上。

接着,作为主持人的人要戴上蓝帽子,时刻提醒自己,主持会议时,不对会议内容进行任何评判,做好信息收集、控制场面、为最后的决策做准备工作。然后,宣布会议开始。

第一个环节:主持人要让大家先戴上白色的帽子,提供销量信息,让大家一起找销量下滑的客观原因可能有哪些。大家可能会说产品质量的稳定性不好,客户投诉率高达30%,部分产品的价格比竞品高5%左右……主持人要在大家叙述的过程中收集信息。

第二个环节:主持人让大家戴上绿色的帽子,让大家针对提出的问题,专注地想点子,寻找解决办法。大家可能会说让技术部门改进产品质量、研发全新的产品;提升销售人员的服务意识,开展沟通技巧培训,提升客户的满意度……

第三个环节:主持人让大家换上红色的帽子,对提出的解决方案直接发表意见，选出他们认为最好的解决方法，参会者在发表意见时不需要提供过于严谨的论证，可以适当情绪化。

第四个环节：主持人让大家戴上黄色的帽子，思考每个解决方案的价值。比如，用某种方案会提高产品质量，减少市场流失；用某种方案可以提高复购率，能让老客户向身边的人推荐我们的产品……

第五个环节：主持人让大家戴上黑色的帽子，看清实行每种方案的风险和困难。比如，提高产品质量，可能会增加生产成本；培训销售人员可能影响他们的日常工作……

大家可能会问，讨论风险和困难，那不又要出现问题了吗？要怎么解决呢？

别着急，在脱掉黑色的帽子后，主持人可以再次让大家戴上绿色的帽子，针对实行方案时会遇到的风险和困难，寻找应对方法。比如，要求生产部门改良工艺流程，在提高产品质量的同时，不增加成本。

通过一环接一环地戴帽子、换帽子，让整个讨论过程有条不紊、思路清晰，最重要的是能够产生讨论结果。

其实，除了上述流程完整的用法外，"六顶思考帽会议法"还有很多种简略的用法。

比如，讨论简单问题时，可以戴"蓝白绿"；又比如，要做选择时，可以戴"蓝黄黑红"；改进流程时，可以戴"蓝黑绿"；寻找机会时，可以戴"蓝白黄"……

在不同的实际会议中，这六顶帽子的使用顺序可能会有差异，但是有三个原则必须遵守：

第一，白帽先行，面对问题时，先找到客观信息。

第二，黄在黑前，先找价值，再思考困难。

第三，黑后有绿，找到困难后，一定想解决办法。

| 核心
要点 |
| --- |

　　"六项思考帽会议法"中的"六项思考帽"分别代表一种思维方式：

　　白帽代表客观，绿帽代表创造，红帽代表感觉，黄帽代表价值，黑帽代表困难，蓝帽代表管控。

　　在使用"六项思考帽会议法"开会时，要注意：在同一时刻，只戴一顶思考帽。同时，需要遵守的原则是：白帽先行，黄在黑前，黑后有绿。

迪士尼会议法：
如何开可落地的头脑风暴会

说到"迪士尼"，大家的第一印象可能是米老鼠、唐老鸭、白雪公主，还有迪士尼乐园。迪士尼仿佛代表着无穷的想象力，但它也能够把天马行空的想象化成故事，并且打造出一个个真实的梦幻乐园，给世界带来欢笑。

这种包含无限想象力，却还能落地执行的创意，并不是依靠某位天才的灵感打造出来的，而是来源于迪士尼独特的头脑风暴会议方法。

在职场中工作也一样。当我们认为自己已经江郎才尽的时候，就可以借用"迪士尼会议法"，来场头脑风暴，激发集体的无限智慧。

很多人可能会说，许多头脑风暴会，开着开着就变成畅想会了。大家的创意很多，写满了一整块白板，但这些创意都飘在半空，无法执行，然后就都没有了下文。那么，迪士尼又是怎么开会的呢？

在天马行空中找到创意

在讲"迪士尼会议法"之前，我们先来看一个经典的头脑风暴案例。

某国北部冬季经常下大雪，导致每年都有供电线路被压断，带来了不少损失。电线检修起来非常困难,供电公司耗费了大量的人力物力,却依然无法解决这个问题。

于是,公司就组织了一次头脑风暴会。让各部门的技术人员提建议,有人说,可以用树撞击电缆;有人说,可以专门设计一种用于清扫电缆上积雪的仪器,还有人说,可以通过增加温度的方式,融化电缆上的积雪……不到一小时,参会的8名员工,就提出了40多条设想。

大家实在想不出什么办法了,一名技术员就半开玩笑地说:"看来,只能让上帝拿把大扫帚去扫雪了!"没想到,另一名技术员眼前一亮,说:"那也就是在天上扫雪喽?我们可以让直升飞机沿着电缆的线路飞行,直升飞机的螺旋桨高速旋转产生的巨大风力,可以吹散电缆上的积雪!"

没有更靠谱的办法了,公司负责人决定一试。经过测试,这种方法果然可行。从那以后,公司在大雪后都会采用直升机扫雪的方式清理电缆上的积雪,他们还给执行扫雪任务的飞机取名为"上帝号",真正实现了"让上帝来扫雪"的想法。

大家能想象到吗?就这么一个小点子,给这家供电公司每年节省了500万美元的开支,这就是集体创意的魅力,也是头脑风暴的价值。

这种会议方法被迪士尼发扬光大,并形成了固定的操作步骤,也因此被称作"迪士尼会议法"。

落地的头脑风暴会需要三种角色

聪明的迪士尼人把开头脑风暴会的步骤分成三步,让参加会议的人按顺序扮演三种角色,分别是:梦想者、实干者和批评者。

1.让所有参会者扮演梦想者

因为梦想者创作力强,拥有天马行空又没有边界的想象力,会有各种极具创意的点子。让所有参会者都扮演梦想者的阶段是提想法的阶段。

那么，如何让想法提得有质量、有水平呢？我们需要遵循四个原则：

原则一：自由奔放地思考。

只要是围绕主题的想法都没有对错之分。参会者都可以无拘无束、畅所欲言，提出各种奇怪的，甚至不着边际的想法。不必顾虑自己的想法和说法是否"离经叛道"或者"荒唐可笑"。上述案例中那个"让上帝来扫雪"的点子就会让人感到不可思议，但确实非常有创意。

原则二：不批评，不主导。

要维持活跃的氛围，尽量让领导或者权威人士最后发言，避免在参会者畅所欲言前就定下固定的基调。在头脑风暴的过程中，要做到不对他人的设想评头论足，避免做出评论性的判断。有八句话不能说，分别是：

"不切实际。"

"没意义（无聊）。"

"无法成功。"

"不符合目的。"

"成本会增加的。"

"不合逻辑。"

"想法陈旧。"

"太过离奇了。"

这些否定的话会打击他人提建议的积极性。

原则三：多多益善，以数量求质量。

鼓励参会者尽可能多地提出设想，不必顾虑思考出来的内容的好坏。足够多的想法中出现高质量设想的概率会更大。参会者既可以轮流发言或者按照主持人点名的顺序发言，也可以自主安排发言时间，有想法就马上开口。

原则四："搭便车"。

鼓励大家在他人的构思上"借题发挥",或者修改他人的构思,利用一个人的灵感激发另一个人的灵感。大家都可以在其他人想法的基础上,产生新的想法,不要怕占用别人的创意。一加一大于二,创意加创意等于新的、更好的创意。

2. 要让所有参会者换上实干者的身份

如果只是把大家的设想汇总一下,那这次头脑风暴会,就没什么意义了。因为,"想"是为了"做"。

所以下一步,就是要让大家都换上"实干者"的身份,从众多的提案中挑选出最优的两个想法,并制定出详细的执行方案。比如,要达到什么目标?具体的执行步骤是什么?每个任务都由谁负责?什么时候完成?把详细的方案规划清楚。

3. 大家都要扮演批评者

方案制定妥当了,不代表会议开完了,参会者还要在扮演"批评者"的过程中分析项目,提出改进意见,提前评估项目中可能出现的问题。参会者可以评估成本,判断可能出现的风险,修补创意中的缺陷,等等。

这三个角色会搭建起一个稳固的三角形,缺一不可。梦想者会让实干者和批评者跳出条条框框的限制,实干者则能让梦想者天马行空的想法落地,批评者是守门人。

如果某次会议中只有梦想者和批评者,那么,这次会议就会陷入纷乱之中。但如果某次会议中只有"实干者"和"批评者",那么这次会议中选出的方案就可能是因循守旧的,是老套路的重复版。所以,这三个角色既互相支持,也互相制衡。

但要特别注意,在开会的过程中,每个人在某一时间段内只能扮演一种角色，同时扮演两种或两种以上的角色会让参会者的思绪分裂，这对会议结果有害无利。

> **核心要点**
>
> "迪士尼会议法"的两个关键点是：
>
> 第一，在会议中扮演三个角色的顺序是梦想者、实干者、批评者。
>
> 第二，这三个角色相互支持、相互制衡，缺一不可，每个人在某一时间段内只能扮演一种角色。
>
> 每个人都可以有无限的创意，都可以发挥想象的空间，都可以将充满创意的想法付诸行动，成为现实。因为每个人都有做梦想者、实干者和批评者的能力。

教练会议法：
引导参会者主动思考，寻找解决方案

我们这一节要学习的"教练会议法"，非常适合用来激励团队士气，以及在团队中发现问题、解决问题。

团队管理者或许都遇到过这样的情况：

团队业绩不佳，在销售月度总结会上，团队管理者让下属分析原因，下属就都开始摆困难、说委屈。最后再来一句："领导，这个问题怎么处理好呢？"

这时，要是团队管理者想也不想就说："这么简单的问题还用问吗，就应该这样做嘛……"那么月度总结会就变成指令发布会了。但会议结束后，团队管理者可能还会不停接到下属的电话，说又遇到问题了，该怎么办？

这时，这位团队中的领导估计只能痛苦地拍桌子说："这帮笨蛋！我请你们来是干什么的！"情况周而复始，领导的日子越过越累。

其实，这类问题的症结不在于团队成员能力不足，而在于开会时团队管理者的回应方法错了。

一名管理者在开一次检讨问题、鼓舞士气的会议时，不该变成亲力亲为的保姆，而是要做一名教练，引导下属找原因、想办法。一名优秀的体

育教练，不一定比运动员厉害，但他应该能通过启发式的培训、鼓励式的语言，影响人的神经，使运动员能够发挥所长，呈现出最好的表现。

我们可以回忆一下，在篮球比赛中，教练是不是都在场外观赛；当球员的状态、方法和战术出现问题时，他是不是只会提出暂停比赛，然后，指导球员调整方法、做出改变，而从来不会脱下西装，把球员推开，自己上场踢？

"教练会议法"就是为了让管理者成为指导者。管理者要用教练的方式来组织会议，不要做问题的解决者，而是要通过不断提问、引导参会者主动思考，来寻找解决方法。

最受欢迎的教练会议模型

"教练会议法"形式多样，其中广受欢迎的是"GROW 模型"。这个模型非常适用于要发现问题、解决问题的会议。

用"GROW 模型"开教练式会议分"目标优先（Goal setting）""现状分析（Reality check）""选择方案（Options）""做总结（Way forward）"4 个步骤：

第一步"G"，即目标优先。在开会前，团队管理者要设定好明确的目标和宗旨，让每名参会人员提前思考"我想做什么"。

第二步"R"，即现状分析。团队管理者要让每个人检视自己的目标达成情况，这一步有助于团队成员为自己设置一个可估量的目标。

第三步"O"，即选择方案。为达成目标，每个人都有一些可选择的方案，确定自己该做什么，团队管理者要鼓励团队成员跳出固有的框架思考。

第四步"W"，即做总结。要让每个人明确接下来的行动计划是什么，会议的最终成果应该是团队成员的行动承诺和团队管理者切实的支持。

GROW 会议模型实操

我们来看一个"GROW 模型"在会议中应用的例子。

某个项目出现问题了,团队管理者召集大家开会讨论。

第一步,目标优先。团队管理者要定下本次会议的主题是发现问题、找到对策。

第二步,现状分析。让大家主动检视现状,才能让每个人的目标清晰起来。

团队管理者可以让每名参会者分析自己的目标达成情况,看看自己所负责的环节有没有出现问题,如果有,就要想想出现问题的原因是什么。

如果分析得不充分,团队管理者就要通过提问来引导他们,找到问题出现的根本原因。在引导时,团队管理者需要遵循以下两个原则:问题中要包含鼓励,提出问题的角度客观。

比如,如果团队管理者问团队成员:"这次为什么会有失误?"他们可能说:"领导,也不是失误,只是……"估计团队管理者听到的会是一大堆推脱的理由,因为他把焦点放在团队成员的不足之处,激发了人自我保护的本能,所以他们就会找借口逃避责任。

那该怎么做呢?团队管理者可以先给予鼓励,再找出问题。团队管理者可以这样问:"如果满分是 10 分,你们能给自己在这个项目中的表现打几分呢?"假如对方说:"7 分。"那团队管理者就可以顺着回应说:"嗯,这是一个新项目,你们在没有经验的情况下,做到 7 分已经不错了。那你们给自己扣掉 3 分,是因为你们对自己在哪些方面的做法不满意呢?"先鼓励表现得好的那 70%,然后,再引导他们看到自己还有 30% 的不足,这样的做法会让团队成员愿意承担责任,或许,他们还会主动开始寻找解决问题的方法。

第三步,选择方案。团队管理者始终要记得:你的角色,不是告诉员工怎么做,而是引导他们思考要怎么做。正所谓"授之以鱼,不如授之以渔"。

作为会议中的教练,团队管理者要鼓励员工跳出框架思考,尽可能地找到更多的解决问题的方案,最理想的结果是能找到三个或三个以上的方案。在我看来,只有一个选择,等于没有选择;有两个选择时,会左右为难;有三个选择,才会真正地有选择权。

如果员工在找方案的过程中打不开思路,团队管理者可以用以下形式的句子激发员工的潜能,帮助员工打开思路:

"哪些方法可以帮助我们达到目标?"

"可不可以从＿＿＿＿＿＿角度思考一下呢?"

"除了这个,还有呢?"

"假如还有的话,会是什么呢?"

当员工思路受阻时,这样的提问方式会让员工在面对死胡同时找到方向,给团队更多的选择。

第四步,做总结。如果前三步能顺利完成的话,得出最终的行动方案总结也就水到渠成了。

当然,有了方案还不够,团队管理者还需要让员工行动起来,这时,团队管理者可以让员工在自己的行动方案上签名,并将其张贴在工作看板上,以便员工能随时提醒自己。

以上四步就可以帮助团队管理者,化情绪为动力、化感性为理性,充分调动团队成员的潜能,让整个团队以最佳状态面对下一阶段的工作。

核心要点

"教练会议法"是一种通过不断提问,引导参会者主动思考、寻找解决方案的开会方法。而GROW模型是可应用于教练式会议的一种形式,运用这一模型要分四个步骤:

第一步"G",即目标优先(Goal setting)。

第二步"R",即现状分析(Reality check)。

第三步"O",即选择方案(Options)。

第四步"W",即做总结(Way forward)。

联合国咖啡会议法：
取长补短，激发灵感

"采他山之石以攻玉，纳百家之长以厚己"，"联合国咖啡会议法"正是这种思想的实践方法，它可以帮助团队通过博采众长，获得最佳成果。

我们从"联合国咖啡会议法"这个名字说起。"联合国"这个词，代表了这种会议法适用于跨界的会议，也就是邀请不同专业背景、不同职务、不同部门的人参加的会议。很多时候，人们很容易被自己过去的经验、价值观限制，不容易想出有创意的新点子。而"咖啡"呢，给人的感觉是放松的、惬意的。大家可以闭上眼睛，想象一下，咖啡馆给我们的感觉是什么？是不是开放的、自由的、可以畅所欲言的？

"联合国咖啡会议法"就是一种以对话的形式跨界交流、碰撞创意的方法。组织不同背景的人在一个类似于咖啡馆的开放环境中，针对一个或者多个主题自由发表见解，互相碰撞意见，以此来激发创意。

在国内，有的实践者喜欢叫它"茶馆汇谈"，这或许更贴近中国文化。在茶馆里，我们通常可以在这桌聊聊，到那桌谈谈，这样不仅可以结识新朋友，也能听到很多新信息，想出很多新点子。

但和在茶馆中聊天不一样的是，运用"联合国咖啡会议法"召开的会议是在一定的组织下进行的。它们有个明显的特点："无组织，有纪律"，散而不乱。这样的自然状态非常适合人们交流经验、激活灵感、共同构建分享知识、分析问题的系统。

"联合国咖啡会议法"五步骤

在我看来，探讨创意，比如探讨产品方面或者品牌营销方面的可创新之处时，特别适合用这种方法。

大家以往在进行创意征集时，可能仅在某个部门内部展开，如果运用"联合国咖啡会议法"，邀请来自不同部门、不同背景、不同层级的人员参加，就可以让大家更全面地看待问题、思考创意，这些人碰撞出来的知识和智慧或许会让所有人惊喜。

将这种方法应用到公司的会议中分五步：

1. 准备合适的开会场地

可以根据参会的人数，选择合适的会议场地。最好选择宽敞、明亮的地方，而且场地的大小要适合人员走动和交流。场地太大，会不便交流；场地太小，又容易受到许多限制。

会场内，要摆放数量足够的小组讨论桌，并在桌子上摆放好彩色笔和尺寸较大的黄色纸，以便参会成员能随时把研讨成果写上去，并张贴到墙上。

2. 明确会议主题、流程和原则

在开会前，会议的组织者需要制定明确的会议主题、流程和原则。比如，召开此次会议目的是什么，最后要得到什么样的成果；会议开始后，先讨论什么，再讨论什么；每一轮小组讨论时长是多少；等等。

3. 主持人开场，并介绍会议主题、流程和原则

这一步的关键是让每位参加会议的人都清楚地了解：本次会议的目的、自己要做的事情和需要注意的事项。参会者搞清楚目的，才能更好地贡献智慧，会议的效果才能更好地体现。

如果可能的话，给每个讨论桌发一张印有会议主题、流程、原则的纸质会议攻略。

4. 选出组长，进行蜜蜂采蜜式的研讨

这一步是"联合国咖啡会议法"的核心。

首先，每桌选出一名组长，然后让这位组长带领小组成员进行第一轮的研讨。

接着，在第一轮研讨结束后，除了几名组长以外的其他成员离开本桌，重新选择小组，与之前的各组成员组合成新的小组，进行第二轮研讨。在这样的研讨环境中，各小组成员就会像蜜蜂离开蜂巢，到不同的花上采蜜，进行异花授粉一样，一方面把自己原来小组的想法，分享给其他小组的人；另一方面，吸收其他小组的想法的精华。通过这种有机交换，小组成员会让不同的观点发生碰撞，会让更多的灵感迸发出来，也会激发出更多独特的创新思路。

在第二轮"采蜜式"的研讨结束后，所有人都要回到第一轮进行研讨的小组中，与小组成员分享"从外面采回来的蜜"，也就是通过交流收获的观点精华，以此展开第三次研讨。

在第三轮研讨中，组长要将小组成员的想法和研讨结果写在黄色纸上，用文字、流程图、绘画图案等不同形式表达。

5. 整合优秀观点，审视研讨成果，敲定最终方案

这是运用"联合国咖啡会议法"的会议中最独特的一个环节。

所有组长都要把写满想法的黄色纸张贴在墙上或者直接铺在地上，然后，让小组成员再进行一次"公开采蜜"，去看看其他小组的研讨成果，吸收别人的优秀点子、想法和见解。

当然，在这一过程中，组长还可以给每位小组成员准备好适量的便笺，方便小组成员在"采蜜"的过程中将自己的意见写在便笺上，并将便笺贴到带给自己灵感的小组的黄色纸上。这样，每个小组的成员就不仅能够从其他小组那里获得新的想法，还可以用自己的想法鼓励和回馈其他小组。

最后，各个小组通过整合优秀的观点和建议，重新审视、修改本小组的研讨成果，定下最终的方案。

充分交流，积极主动

用"联合国咖啡会议法"的五个步骤开会不仅能探讨出效果更好的方案，还能让参会者学会互相欣赏，增强彼此之间的连接力。

这个方法，受到我的客户和他们的员工的一致好评，都说这个方法为他们打开了一扇找到优秀方案的大门，让他们收获了很多意想不到的惊喜。

不过在使用这个方法时，还要注意三点：

第一，给整场会议至少 1.5 个小时的时间，时间充足，才能充分交流。

第二，在分桌讨论时，将每桌的人数控制在 5～7 人，这样，既能保证每个小组都能想出足够多的新点子，又能让每位成员在规定的时间内有足够长的发言时间。

第三，受邀的参会者应该是一些积极主动的人，他们会在研讨时踊跃配合，提出独特的视角。

设想一下，如果参加会议的人不太愿意发言、交流，或者只说一些跑题的话，会议的效果是不是就大打折扣了？

> **核心要点**

"联合国咖啡会议法"是一个通过组织不同部门、不同背景、不同层级的人员一起通过"蜜蜂采蜜"式的研讨,来取长补短、激发灵感的开会方法。将这种方法应用到公司的会议中分五步:

1. 准备合适的开会场地。
2. 明确会议主题、流程和原则。
3. 主持人开场,并介绍会议主题、流程和原则。
4. 选出组长,进行蜜蜂采蜜式的研讨。
5. 整合优秀观点,审视研讨成果,敲定最终方案。

峰终会议法：
如何开出体验好的会议

会议组织者常常只顾着设计会议流程，却很少考虑如何提升参会者的体验，就更别说会仔细想如何让会议变得更有趣一点了。

"峰终会议法"就是这么一个另类的开会方法，用这种方式开会，会提升参会者的会议体验，也会让参会者喜欢上这种开会方法。

我们先来看一下"峰终会议法"的来源：

诺贝尔奖得主、心理学家卡尼曼经过研究发现，人们对一段体验的评价由两个因素决定，即高峰时的感觉和结束时的感觉，这段体验中的其他时段的感觉对人们对它的整体评价几乎没有影响。这一定律被总结为"峰终定律"。比如我们判断一部电影或一场演唱会好不好看时，就会不自觉地回忆起它的高潮部分、结尾部分。

"峰终会议法"即借鉴了"峰终定律"背后的心理学原理，这种会议法要求我们设计会议时，在会议的中间以及结尾处制造强烈的刺激点，提升参会者对会议的体验。

如何运用"峰终会议法"呢？重点就是设计好会议的"高峰"和"结尾"。

如何将会议推向高潮

1. 将会议中最精彩的部分，安排在会议时间过半时

比如安排本次会议中最受欢迎的、最权威的嘉宾在会议时间刚刚过半时发言，引发会议的高峰体验。如果没有这样的嘉宾，主持人也可以在这个时段内发布最核心的思想或者最有力量的观点。

比如，在公司庆典或年会中，即便要当场向大家宣布一个特大的好消息，也不要一开始就着急宣布，而是要在会议时间刚刚过半时宣布，用好消息将会议推到顶峰，形成高峰体验，让参与者记忆深刻。如果还要在公司的年会中安排颁奖或抽奖环节，就将特等奖的颁发也安排在这个时间段内，升级高峰体验。

2. 建立里程碑思维

在研讨会议中，如果收获了有创意的点子，就一定要通过鼓掌等方式庆祝；如果会议人数不超过 8 人，也可以互相击掌来庆祝；如果你的公司有独特的庆祝仪式，那就更好了。

如何收尾才能升华会议的价值

1. 升华和重复

如果某次会议的目的是分享经验，那么在分享结束前，一定做一个理性的升华，让参会者带着核心结论和可用的经验离开。"嗯，时间到了，所以就此结束吧。"这就是个糟糕结尾，参会者都会懒洋洋地离开，感觉刚刚浪费了一个小时。

我们总说，重要的事情要重复三遍。如果你想用一个精彩的观点或金句结束会议，就一定要重复地说，重复出力量和价值感！

2. 给出行动指南

如果某次会议是研讨会，或者上传下达的工作会，就一定要做会议纪要。会议纪要和会议记录不同。记录是对会议内容的记录，而纪要是对记录的提炼和总结。会议纪要必须包括：已有的明确结论以及后续要做的事情的负责人、进度表和目标。

会议的最高负责人要在会议即将结束时，公开发布会议纪要中的内容，并将其抄送给相关负责人。这样才能让参会者有方向、有目标地行动起来。

3. 表达感谢和赞扬

"我感谢谁，就能吸收谁的智慧；我赞扬谁，就能影响谁。"在会议的结尾表达对参会者的感谢和赞扬，能激发对方的行动动力，也能提升对方下次参与会议的积极性。

知道了如何设计会议的"高峰"和"结尾"，我们来看一个直观的例子：

小李正在策划一场行业论坛大会，但因为资金资源有限，他只能请来两位行业内的重量级嘉宾和三位名气稍显逊色的嘉宾。在这种情况下，小李怎么安排才能让参会者有最好的体验呢？

结合这一节我们所学的内容可知，小李应该让一位重量级嘉宾第三个出场，让论坛体验"冲向巅峰"，让另一位重量级嘉宾最后一个出场，在论坛即将结束时，为参会者留下完美的回忆。

峰终定律不仅可以用于开会，还可以用于很多场景的设置，比如安排超市的商品陈设时，可以在超市行走路线的中段设置促销商品陈列区，在出口卖一元钱冰激凌，宜家就是这么做的。

> **核心要点**

"峰终会议法"强调通过设计好会议的"高峰"和"结尾",来达到提升参会者对会议的体验:

设计会议的"高峰"时,将会议中最精彩的部分,安排在会议时间过半时,建立里程碑思维。

设计会议的"结尾"时,可以升华主题、重复核心思想,可以对参会者表达感谢和赞扬,还要发布会议纪要。

小 结

我们都知道,"议"是"说""听""想""做"等综合能力的运用,为了不赘述,本章的六个用于会议中的工具,主要侧重于教大家如何用集体智慧来提升决策效率。

"谷歌会议法"——开会时要遵守四个原则:给每个人分配表达意见的时间、不要让会议的时间过长、积极贡献智慧、保持高度敏锐性。

"六顶思考帽会议法"——用六种不同颜色的帽子打开参会者的"平行思维",按照一定顺序使用不同颜色的帽子,逐步找到不同方向的观点和论据,从而实现科学的决策。

"迪士尼会议法"——让参会者先扮演梦想者,再扮演实干者,最后扮演批评者。梦想者通过头脑风暴找到多种创意,实干者要从其中筛选出几个可落地的方案,并做出执行规划,批评者要评估方案的风险和成本,并提出改进建议。

"教练会议法"——通过"GROW模型"开教练式会议,会议组织者通过不断提问,来引导参会者主动去思考、寻找解决方案的开会方法。

"联合国咖啡会议法"——组织不同部门、不同背景、不同层级的人员参加"蜜蜂采蜜"式的研讨,取长补短,激发灵感。

"峰终会议法"——通过设计好会议的"高峰"和"结尾",来提升会议体验,把最精彩的内容安排在会议时间过半时,会议"结尾"一定要有很具力量的结论和升华。

不管运用以上哪种会议方法,开会就要"会而有议,议而有决,决而有行,行而有效",这"四有"必须贯彻到每一次会议里。

"有议"就是有议题,有具体的会议目标。比如将会议的议题定为提创意、做汇报等。

"有决"就是要在会议中做出选择和决策,这样才能让参会的人知道下一步如何行动。

"有行"就是要明确行动是会议最直接的目标,调动大家根据会议决策行动起来。

"有效"就是开会的根本目标,为了让会议呈现出效果,我们不仅需要一些有效的监督机制,更需要学习高效的开会方法。

"会议"不仅是职场管理者必备的能力,更是创业者、企业家管理团队的基石,想要将"议"的能力提升到更高的层次上,不仅要掌握开会的方法,还要提升心智,我总结了一份企业家心智地图,欢迎扫描下方微信二维码跟我在线沟通。

后记

在职场修炼的三个建议

研究发现,遗忘会在学习之后立即开始。我们在看书、听老师讲课时不管学得多明白,在之后的每一天里都会以"分期付款"的方式将知识"还给老师",直到我们将它们彻底忘掉。我们要通过各种方式,不断学习、复习,长期刻意训练,才能掌握知识,并将其运用到实践中。

1. 在实操和分享中修炼

著名的"学习金字塔"模型(见图3)说明了用不同的学习方式会造成学习效果有差异。

通过听讲、阅读文字来学习,我们只能记住知识的5%~10%。

通过视听学习,我们能记住知识的20%。

通过对知识进行演示、现场观摩这些方式,我们能记住知识的30%。

通过讨论,我们能记住知识的50%。

通过实践或将知识传授给他人,我们能记住知识的75%~90%。

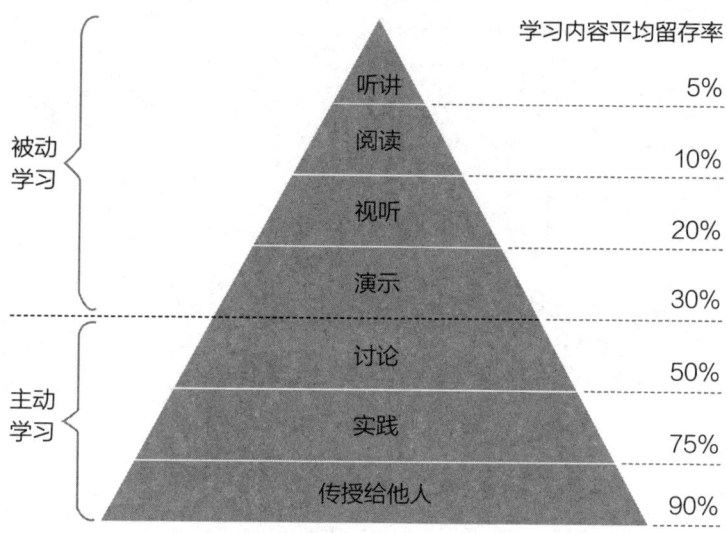

图3 "学习金字塔"模型

"学习金字塔"模型给我们的启示是,最高效的学习方式是参与讨论、实践操作和将知识传授给他人,因为这三种学习方式最能激发人的主动性。

讨论式学习会全方位地调动身体的感官,包括眼、口、耳等。

实操式学习走的是"知行合一"的路线,是用身体和四肢学习的方式。

传授式学习的要求就更高了,只有将知识刻印在脑海中才能自如地传授给别人。

因此,我建议大家在实操和向他人传授中修炼,因为这两种方式能最大程度地帮助我们高效学习。

2. 做一个长期主义者

所谓"十年磨一剑","长期主义"就是要修炼一万个小时以上,只有这样,我们才能享受复利,成为某个方面的专家。

要成为一个长期主义者,就要先理解长期主义的三个特点:

(1)修炼要有目的性

带着目的学习、修炼,我们就会有选择性地读书、听课、做工作,我们提升自己的速度也会快很多,尤其在今天这样的知识爆炸时代,我们要比的是学习效率。要想成为长期主义者,必须要有长远的目标,我们需要给自己做五年或十年的职业规划。大多数行业的从业者都不可能用两三年就变成专家,我们都需要长期进行"五项修炼"。

(2)建立兴趣

长期坚持将一件事做下去是不容易的,想要靠毅力修炼一万个小时的人基本上都会半途而废,那我们要靠什么修炼呢?答案就是兴趣。兴趣可以让我们在最艰难的时候坚持下来,会让我们永远不知疲倦。如何培养兴趣?一部分人天生就对某些事情有兴趣,但对于大多数人来说,兴趣要靠自己培养。培养兴趣的过程一般是一个先努力尝试,然后获得肯定,接下来动力提升,再继续努力做得更好,获得更多肯定的循环(见图4)。人在这样的过程中,会越来越有成就感,兴趣就逐步培养起来了。让这个循环成立的关键是先努力尝试。

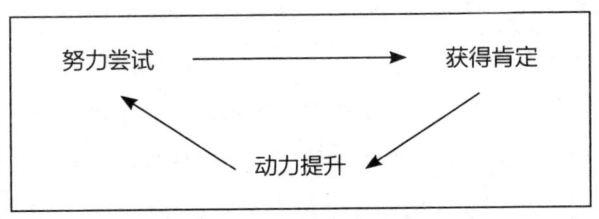

图4　培养兴趣过程图

(3)在工作中磨炼

为什么要在工作中磨炼?只有在工作中,我们才能获得足够多的反馈、交流和探讨，才有迭代、升级自己的能力。

3. 修炼需要刻意训练

刻意练习也是快速成长的方式之一，它的本质是走出舒适区。怎么刻意练习呢？需要做好三件事：

（1）走出舒适区

如果想做一名业余选手，就可以待在舒适区内。我们可以看到业余运动员或业余歌手练习的时候都非常放松，他们将运动、歌唱当作排解压力的方式，而专业运动员或专业歌手则会要求自己摆脱紧张、克服困难，挑战一个个高难度动作或者海豚音。修炼本书中提到的每项能力都需要我们走出舒适区，像专业选手一样刻意练习，才能更自如地工作。

（2）大量单点练习

把一个大的方法论拆分成一个个小的技能模块，将每个小的技能模块应用到工作中，进行专项训练。专业运动员之所以动作到位，就是因为他们在训练时会拆分整体动作，从细节练起，运用本书中的方法时，也要如此。比如要想掌握好"结构表达法"，我们就既要练习如何提炼结论，又要练习如何分类论证，还要练习如何漂亮地收尾，这三个部分中的每一个都需要我们练习数十遍。

（3）重视反馈

当我们认为自己做的完全正确时，在别人看来很可能错误百出。大多数人都容易自以为是，我们在很多情况下会高估自己的能力，所以我们需要重视其他人给我们的反馈。反馈可以让我们知道自己现在做得好不好，以及自己距离理想状态还有多远。获取反馈的方式包括：对比、看进度表、询问教练等。我们要经常拿自己跟优秀的标杆作比较，清楚地认识自己的能力水平；还要给自己做进度表，并严格执行，比如，规定自己要练习某项技能20遍，每练习一遍，都在进度表上的相应位置上打个钩，一步步地完成练习；许多专业人士都有教练或导师，如果大家没有的话，可以与同事互做教练，通过互相反馈来提升自己。

修炼的过程就像攀登高山，山路是坎坷崎岖的，山里有荆棘，还有毒蛇、猛兽，我们需要走出舒适区、战胜困难，需要目标明确，需要找到最优的路线……期望这三个建议成为大家攀登之路上的手杖，助大家越走越顺。

最后祝大家在修炼"听、说、想、做、议"的过程中，掌握"五会"里的方法，并运用它们，帮助自己事半功倍、创造卓越，早日登顶社会这座"金字塔"，成为"塔尖"上的精英！